πραγματεία pragmateia

Heft 3

Angela Löpker

Konjugationen
Ein Übungsheft für Griechisch

Vandenhoeck & Ruprecht

Bibliografische Information der Deutschen Nationalbibliothek:
Die Deutsche Nationalbibliothek verzeichnet diese Publikation in der
Deutschen Nationalbibliografie; detaillierte bibliografische Daten sind
im Internet über https://dnb.de abrufbar.

© 2020, Vandenhoeck & Ruprecht GmbH & Co. KG,
Theaterstraße 13, D-37073 Göttingen
Alle Rechte vorbehalten. Das Werk und seine Teile sind urheberrechtlich
geschützt. Jede Verwertung in anderen als den gesetzlich zugelassenen Fällen
bedarf der vorherigen schriftlichen Einwilligung des Verlages.

Umschlagabbildung: Shutterstock (Nr. 208380013)

Redaktion: Carina Weigert
Satz: SchwabScantechnik, Göttingen
Druck und Bindung: ⊕ Hubert & Co. BuchPartner, Göttingen
Printed in the EU

Vandenhoeck & Ruprecht Verlage | www.vandenhoeck-ruprecht-verlage.com

ISBN 978-3-525-70281-9

Inhalt

Vorwort 6

Allgemeines: Bestimmung eines Verbs 7

Haupttempora 9
Präsens 9
Übungen I 11
Perfekt 12
Übungen II 14
Futur 15
Übungen III 17

Nebentempora 18
Imperfekt 18
Übungen IV 19
Aorist 20
Übungen V 22
Übungen VI 25

Darstellung der Stammformen in der Stammformentabelle 27
Übungen VII 27

Verba Contracta 29
α-Contracta 29
ε-Contracta 30
o-Contracta 31
Übungen VIII 32

Verba auf -μι 33

εἰμί: ich bin 38
Übung IX 38

εἶμι: ich werde gehen 39
Übungen X 39

οἶδα: ich weiß 41
Übung XI 41
Übungen XII: Konjugationen kompakt 42

Lösungen 45

Vorwort

Liebe Leserin, lieber Leser,

im dritten Band der Reihe πραγματεία (Band 1: *Genitivus absolutus,* Band 2: *Deklinationen*) geht es ums Konjugieren.

Wie schon in den ersten beiden Bänden wechseln sich in diesem Heft Wiederholungssequenzen und Übungen miteinander ab. So können je nach Bedarf entweder einzelne Tempora oder Verbklassen gezielt wiederholt und eingeübt oder auch das ganze Heft sukzessive bearbeitet werden.

Alle Bände dieser Reihe richten sich sowohl an Griechischschülerinnen und -schüler ab Klasse 8/9 als auch an Studenten, die das Graecum nachholen oder einfach nur üben wollen. Kurz gesagt: Jeder, der Griechisch lernt, kann sich mithilfe der entsprechenden Werke der Reihe πραγματεία gezielt auf Klausuren vorbereiten.

Zu Beginn wird die Konjugation eines Verbs Schritt für Schritt in allen Tempora verdeutlicht und durch Übungen trainiert. Im Anschluss werden besondere Verbklassen vorgestellt: Diese stellen zwar Ausnahmen von den üblichen Konjugationsklassen dar; die Regeln über den jeweiligen Formentabellen zeigen aber, dass es auch hier Gesetzmäßigkeiten gibt, die das Lernen erleichtern. Auch dazu gibt es reichlich Übungen, die z. T. aus Originaltexten stammen. Dadurch wird zugleich ein Streifzug durch die vielfältige griechische Literatur möglich.

Auch in diesem Heft ist der Wortschatz wieder relativ einfach gehalten. So können die Leserinnen und Leser sich ganz auf die Grammatik, das Konjugieren, konzentrieren.

Alle Lösungen zu den im Buch enthaltenen Übungen finden sich hinten am Ende des Buches.

In diesem Sinne: Viel Freude und Erfolg beim Lernen!

Die Autorin
März 2020

Allgemeines: Bestimmung eines Verbs

Während Substantive und Adjektive dekliniert werden, werden Verben konjugiert. Dabei werden sie ebenfalls gemäß der Funktion gebeugt, die sie im Satz einnehmen. Um die Form eines konjugierten Verbs genau zu bestimmen, sind folgende Angaben nötig: Person und Numerus, Modus, Tempus und Genus Verbi.

Person und Numerus

Ein konjugiertes Verb (Prädikat) muss im Satz Antwort geben auf die Frage »Wer tut etwas?«. Da die entsprechenden Pronomina (ich, du, er/sie/es, wir, ihr, sie) im Griechischen nicht immer gesetzt werden, muss man hier genau auf die Personalendung achten.

Wie bei Substantiven und Adjektiven bezeichnet der Singular die Einzahl und der Plural die Mehrzahl.

	Singular	Plural
1. Person	ich	wir
2. Person	du	ihr
3. Person	er/sie/es	sie

Manchmal steht darüber hinaus ein zusätzliches Verb im Satz, aber ohne Person in der Grundform, dem Infinitiv (z. B. »ich will [konjugiertes Verb = Prädikat] etwas tun [Infinitiv]«).

Im folgenden Beispiel aus dem Indikativ Präsens Aktiv sind die Personalendungen fett gedruckt:

	Singular	Plural
1. Person	λέγω: ich sage	λέγομεν: wir sagen
2. Person	λέγεις: du sagst	λέγετε: ihr sagt
3. Person	λέγει: er/sie/es sagt	λέγουσι(ν): sie sagen

Infinitiv: λέγειν: (zu) sagen

HINWEIS: Die Endung der 3. Person Plural heißt -ουσιν, wenn das folgende Wort mit einem Vokal beginnt; wenn nicht, wird das ν weggelassen.

Modus

Der Modus gibt Aufschluss darüber, wie real eine Aussage ist. Ein Verb kann stehen im Modus
- Indikativ (Modus der Wirklichkeit);
- Konjunktiv (Modus der Vorstellung und Erwartung): Dass ein Verb im Konjunktiv steht, erkennt man daran, dass der erste Vokal in der Personalendung gedehnt ist (ει → ῃ [das ε wird zu η gedehnt, das ι wird subskribiert, d. h. klein unter dem η notiert], ο/ω/ου → ω);
- Optativ (Modus der bloßen Annahme oder Vorstellung): Dass ein Verb im Optativ steht, erkennt man daran, dass vor der Personalendung -οι-, manchmal auch -αι- steht;
- Imperativ (Modus des Befehls oder der Aufforderung): Den Imperativ gibt es in der 2. Person (Tu etwas! Tut etwas!) und in der 3. Person (er soll etwas tun, sie sollen etwas tun).

Tempus

Das Tempus zeigt an, zu welcher Zeit etwas getan wird – ob in der Vergangenheit (Imperfekt, Aorist), der Gegenwart (Präsens, Perfekt) oder der Zukunft (Futur). Manchmal kann man ihm auch entnehmen, wie lange eine Handlung dauert.

Wenn es um Partizipien geht, kann man außerdem auch erkennen, ob die Handlung des Partizips zeitlich vor (Partizip Aorist), gleichzeitig (Partizip Präsens) oder nach der Handlung des Hauptsatzes (Partizip Futur) liegt.

Genus Verbi

Neben dem Aktiv, in dem das Subjekt handelt (»ich tue«; »ich wasche«) und dem Passiv, in dem etwas am Subjekt geschieht (»etwas wird getan«; »ich werde gewaschen«), gibt es im Griechischen das Medium. Es drückt aus, dass das Subjekt etwas in seinem eigenen Interesse oder an sich tut (»ich tue etwas für mich«; »ich wasche mich«).

HINWEIS I: In einigen Tempora (Präsens, Imperfekt, Perfekt) haben Medium und Passiv die gleichen Formen; man muss also aus dem Kontext erkennen, ob ein Verb als Medium oder Passiv übersetzt werden muss. In anderen Tempora (Futur, Aorist) gibt es jeweils eigene Formen.

HINWEIS II: Einige Verben bilden nur Formen im Medium und/oder Passiv (Deponentien, Singular: Deponens). Diese erkennt man daran, dass sie schon in der Vokabelliste nur mit ihrer Medium-Form angegeben sind.

Haupttempora

Als »Haupttempus« bezeichnet man jede Zeitform, die eine Handlung in der Gegenwart oder in der Zukunft beschreibt.

Präsens

Das Präsens gibt einfache Handlungen in der Gegenwart an. Wie oben gesagt, gibt es hier für Medium und Passiv dieselben Formen.

Aktiv

	Indikativ	Konjunktiv	Optativ	Imperativ
1. Pers. Sg.	λέγω: ich sage	λέγω: ich würde sagen	λέγοιμι: ich möchte sagen	
2. Pers. Sg.	λέγεις: du sagst	λέγῃς: du würdest sagen	λέγοις: du möchtest sagen	λέγε!: sag!
3. Pers. Sg.	λέγει: er/sie/es sagt	λέγῃ: er/sie/es würde sagen	λέγοι: er/sie/es möchte sagen	λεγέτω: er/sie/es soll sagen
1. Pers. Pl.	λέγομεν: wir sagen	λέγωμεν: wir würden sagen	λέγοιμεν: wir möchten sagen	
2. Pers. Pl.	λέγετε: ihr sagt	λέγητε: ihr würdet sagen	λέγοιτε: ihr möchtet sagen	λέγετε!: sagt!
3. Pers. Pl.	λέγουσι(ν): sie sagen	λέγωσι(ν): sie würden sagen	λέγοιεν: sie möchten sagen	λεγόντων: sie sollen sagen

Infinitiv: λέγειν: (zu) sagen

Partizip: λέγων, λέγοντος: einer, der sagt (→ dekliniert nach der dritten Deklination: vgl. Heft 2, S. 14)
        λέγουσα, λεγούσης: eine, die sagt (→ dekliniert nach der a-Deklination: vgl. Heft 2, S. 9 f.)
        λέγον, λέγοντος: etwas, das sagt (→ dekliniert nach der dritten Deklination: vgl. Heft 2, S. 14)

Medium und Passiv

	Indikativ	Konjunktiv
1. Pers. Sg.	λούομαι: ich wasche mich ODER ich werde gewaschen	λούωμαι: ich würde mich waschen ODER ich würde gewaschen werden
2. Pers. Sg.	λούῃ: du wäschst dich ODER du wirst gewaschen	λούῃ: du würdest dich waschen ODER du würdest gewaschen werden
3. Pers. Sg.	λούεται: er/sie/es wäscht sich ODER er/sie/es wird gewaschen	λούηται: er/sie/es würde sich waschen ODER er/sie/es würde gewaschen werden
1. Pers. Pl.	λουόμεθα: wir waschen uns ODER wir werden gewaschen	λουώμεθα: wir würden uns waschen ODER wir würden gewaschen werden
2. Pers. Pl.	λούεσθε: ihr wascht euch ODER ihr werdet gewaschen	λούησθε: ihr würdet euch waschen ODER ihr würdet gewaschen werden
3. Pers. Pl.	λούονται: sie waschen sich ODER sie werden gewaschen	λούωνται: sie würden sich waschen ODER sie würden gewaschen werden

	Optativ	Imperativ
1. Pers. Sg.	λουοίμην: ich möchte mich waschen ODER ich möchte gewaschen werden	
2. Pers. Sg.	λούοιο: du möchtest dich waschen ODER du möchtest gewaschen werden	λούου!: wasch dich! ODER lass dich waschen!
3. Pers. Sg.	λούοιτο: er/sie/es möchte sich waschen ODER er/sie/es möchte gewaschen werden	λουέσθω: er/sie/es soll sich waschen ODER er/sie/es soll sich waschen lassen
1. Pers. Pl.	λουοίμεθα: wir möchten uns waschen ODER wir möchten gewaschen werden	
2. Pers. Pl.	λούοισθε: ihr möchtet euch waschen ODER ihr möchtet gewaschen werden	λούεσθε!: wascht euch! ODER lasst euch waschen!
3. Pers. Pl.	λούοιντο: sie möchten sich waschen ODER sie möchten gewaschen werden	λουέσθων: sie sollen sich waschen ODER sie sollen sich waschen lassen

Infinitiv: λούεσθαι: sich waschen ODER gewaschen werden

Partizip: λουόμενος, λουομένου: einer, der sich wäscht ODER einer, der gewaschen wird
λουομένη, λουομένης: eine, die sich wäscht ODER eine, die gewaschen wird
λουόμενον, λουομένου: etwas, das sich wäscht ODER etwas, das gewaschen wird
(→ dekliniert nach der o- und a-Deklination; vgl. Heft 2, S. 9 ff.)

Übungen I

1. Bestimmen und übersetzen Sie folgende Formen des Indikativ Präsens:

a) πράττοιτο _____

b) παιδεύετε (2) _____

c) φεύγειν _____

d) διώκω (2) _____

e) ἄχῃ (2) _____

2. Formenschlange: Bilden Sie die nach ihrer Bestimmung geforderte Form von dem Wort ἐθέλω anhand der zuletzt gebildeten Form!

ἐθέλει → 2. Pers. Pl. _____ → Konjunktiv _____ → Med./Pass. _____

→ 1. Pers. Pl. _____ → Optativ _____ → Sg. _____ → Indikativ _____

3. Die in sich ruhende Persönlichkeit: Bestimmen und übersetzen Sie die fett gedruckten Verbformen!

a) Der Schriftsteller Stobaios schreibt über die griechischen Philosophen:

Οἱ σοφοὶ οὔτε **ἀναγκάζουσιν** οὔτε **ἀναγκάζονται**.

_____

b) Die Philosophen sagen über sich selbst:

Οὔτε **ἀναγκάζομεν** οὔτε **ἀναγκαζόμεθα**.

_____

c) Ein Bewunderer sagt zu ihnen:

Ὑμεῖς οὔτε **ἀναγκάζετε** οὔτε **ἀναγκάζεσθε**.

_____

d) Ein Philosoph sagt zu seinem Schüler:

Οὔτ' ἐγὼ **ἀναγκάζομαι** οὔτε σὺ **ἀναγκάζῃ**.

_____

Perfekt

Auch das griechische Perfekt gilt als Haupttempus, weil es keine Vergangenheit ausdrückt, sondern einen Zustand, der aus einer Handlung resultiert. Kennzeichen des Perfekts ist die Reduplikation am Wortanfang:
- Bei Verben, die mit einem Konsonanten (außer ῥ, θ, φ, χ) beginnen, wird der Konsonant am Wortanfang verdoppelt und ein ε dazwischen gestellt (παιδεύω: ich erziehe → πεπαίδευκα: ich habe erzogen).
- Beim Buchstaben ῥ am Wortanfang wird ἐ vorangestellt und das ῥ wiederholt (ῥίπτω: ich werfe → ἔρριφα: ich habe geworfen).
- Bei den »behauchten« Konsonanten θ, φ, χ am Wortanfang wird der entsprechende »unbehauchte« Konsonant τ, π, κ vorangestellt (θηρεύω: ich jage → τεθήρευκα: ich habe gejagt; φεύγω: ich fliehe → πέφευγα: ich bin geflohen; χωρέω: ich weiche → κεχώρηκα: ich bin gewichen).
- Ein Vokal am Wortanfang wird nicht verdoppelt, sondern gedehnt (ο → ω, α und ε → η); bei einigen Verben tritt das ἐ vor den gedehnten Vokal (ὁράω: ich sehe → ἑώρακα: ich habe gesehen).
- Bei einem zusammengesetzten Verb (Kompositum) aus einer Präposition wie ἐκ- (heraus-), ἐν- (hinein-) etc. und einem einfachen Verb erfolgt die Reduplikation zwischen Präposition und einfachem Verb (ἐνθυμέομαι: ich überlege → ἐντεθύμημαι: ich habe überlegt).

Im Indikativ gibt es eigene Endungen, die in der Tabelle fett gedruckt sind. Der Konjunktiv hat – meist nach dem Buchstaben κ: es gibt Ausnahmen, die im Wörterbuch oder in der Stammformentabelle ersichtlich sind (vgl. S. 27) – die Endungen aus dem Konjunktiv Präsens. Den Imperativ gibt es nur im Medium/Passiv.

Im Medium/Passiv wird im Konjunktiv und Optativ das Partizip Perfekt Medium/Passiv (πεπαιδευμένος, πεπαιδευμένη, πεπαιδευμένον) mit der entsprechenden Form von εἰμί = ich bin (vgl. S. 38) kombiniert.

Aktiv

	Indikativ	Konjunktiv	Optativ
1. Pers. Sg.	πεπαίδευκα: ich habe erzogen	πεπαιδεύκω: ich hätte erzogen	πεπαιδεύκοιμι: ich möchte erzogen haben
2. Pers. Sg.	πεπαίδευκας: du hast erzogen	πεπαιδεύκῃς: du hättest erzogen	πεπαιδεύκοις: du möchtest erzogen haben
3. Pers. Sg.	πεπαίδευκε(ν): er/sie/es hat erzogen	πεπαιδεύκῃ: er/sie/es hätte erzogen	πεπαιδεύκοι: er/sie/es möchte erzogen haben
1. Pers. Pl.	πεπαιδεύκαμεν: wir haben erzogen	πεπαιδεύκωμεν: wir hätten erzogen	πεπαιδεύκοιμεν: wir möchten erzogen haben
2. Pers. Pl.	πεπαιδεύκατε: ihr habt erzogen	πεπαιδεύκητε: ihr hättet erzogen	πεπαιδεύκοιτε: ihr möchtet erzogen haben
3. Pers. Pl.	πεπαιδεύκασι(ν): sie haben erzogen	πεπαιδεύκωσι(ν): sie hätten erzogen	πεπαιδεύκοιεν: sie möchten erzogen haben

Infinitiv: πεπαιδευκέναι: erzogen haben

Partizip: πεπαιδευκώς, πεπαιδευκότος: einer, der erzogen hat (→ dekliniert nach der dritten Deklination: vgl. Heft 2, S. 14)

πεπαιδευκυῖα, πεπαιδευκυίας: eine, die erzogen hat (→ dekliniert nach der a-Deklination: vgl. Heft 2, S. 9 f.)

πεπαιδευκός, πεπαιδευκότος: etwas, das erzogen hat (→ dekliniert nach der dritten Deklination: vgl. Heft 2, S. 14)

Medium und Passiv

	Indikativ	Konjunktiv	Optativ
1. Pers. Sg.	πεπαίδευμαι: ich habe für mich erzogen ODER ich bin erzogen	πεπαιδευμένος, η, ον ὦ: ich hätte für mich erzogen ODER ich wäre erzogen	πεπαιδευμένος, η, ον εἴην: ich möchte für mich erzogen haben ODER ich möchte erzogen sein
2. Pers. Sg.	πεπαίδευσαι: du hast für dich erzogen ODER du bist erzogen	πεπαιδευμένος, η, ον ᾖς: du hättest für dich erzogen ODER du wärst erzogen	πεπαιδευμένος, η, ον εἴης: du möchtest für dich erzogen haben ODER du möchtest erzogen sein
3. Pers. Sg.	πεπαίδευται: er/sie/es hat für sich erzogen ODER er/sie/es ist erzogen	πεπαιδευμένος, η, ον ᾖ: er/sie/es hätte für sich erzogen ODER er/sie/es wäre erzogen	πεπαιδευμένος, η, ον εἴη: er/sie/es möchte für sich erzogen haben ODER er/sie/es möchte erzogen sein
1. Pers. Pl.	πεπαιδεύμεθα: wir haben für uns erzogen ODER wir sind erzogen	πεπαιδευμένοι, αι, α ὦμεν: wir hätten für uns erzogen ODER wir hätten erzogen	πεπαιδευμένοι, αι, α εἶμεν: wir möchten für uns erzogen haben ODER wir möchten erzogen sein
2. Pers. Pl.	πεπαίδευσθε: ihr habt für euch erzogen ODER ihr seid erzogen	πεπαιδευμένοι, αι, α ἦτε: ihr hättet für euch erzogen ODER ihr wärt erzogen	πεπαιδευμένοι, αι, α εἶτε: ihr möchtet für euch erzogen haben ODER ihr möchtet erzogen sein
3. Pers. Pl.	πεπαίδευνται: sie haben für sich erzogen ODER sie sind erzogen	πεπαιδευμένοι, αι, α ὦσι(ν): sie hätten für sich erzogen ODER sie wären erzogen	πεπαιδευμένοι, αι, α εἶεν: sie möchten für sich erzogen haben ODER sie möchten erzogen sein

	Imperativ
2. Pers. Sg.	πεπαίδευσο!: erzieh für dich! ODER sei erzogen!
3. Pers. Sg.	πεπαιδεύσθω!: er/sie/es soll für sich erziehen! ODER er/sie/es soll erzogen sein!
2. Pers. Pl.	πεπαίδευσθε!: erzieht für euch! ODER seid erzogen!
3. Pers. Pl.	πεπαιδεύσθων!: sie sollen für sich erziehen! ODER sie sollen erzogen sein!

Infinitiv: πεπαιδεῦσθαι: für sich erzogen (zu) haben ODER erzogen sein

Partizip: πεπαιδευμένος, πεπαιδευμένου: einer, der für sich erzogen hat ODER einer, der erzogen ist (→ dekliniert nach der o-Deklination: vgl. Heft 2, S. 11)
πεπαιδευμένη, πεπαιδευμένης: eine, die für sich erzogen hat ODER eine, die erzogen ist (→ dekliniert nach der a-Deklination: vgl. Heft 2, S. 9 f.)
πεπαιδευμένον, πεπαιδευμένου: eins, das für sich erzogen hat ODER eins, das erzogen ist (→ dekliniert nach der o-Deklination: vgl. Heft 2, S. 11)

Übungen II

1. Unterstreichen Sie in folgenden Verbformen des Aktivs jeweils die Endung und bestimmen Sie die Form!

a) πεπαιδεύκοιτε _____

b) πεπαιδεύκῃς _____

c) πεπαιδεύκωμεν _____

d) πεπαίδευκα _____

e) πεπαιδεύκοιεν _____

f) πεπαίδευκε(ν) _____

2. Konjugieren Sie das Verb τιμάω (Perfekt τετίμημαι) im Indikativ Perfekt Medium/Passiv!

_____

_____

3. Bestimmen und übersetzen Sie die fett gedruckten Formen in folgenden Zitaten!

a) Der griechische Schriftsteller Lysias wehrt sich vor Gericht:

   Οὐδὲν ἐν τῷ νόμῳ **γέγραπται**. _____

b) Pilatus sagt im Evangelium zu den Juden:

   Ὃ **γέγραφα**, γέγραφα. _____

Futur

Das Futur drückt, wie im Deutschen, eine Handlung in der Zukunft aus.

Im Aktiv und im Medium wird ein -σ- an den Präsensstamm des Verbs gehängt. Die Endungen sind dann identisch mit den Präsensendungen.

Im Passiv wird an den Präsensstamm -(θ)η- gehängt. Dann folgen die Endungen aus dem Medium des Futurs. Konjunktiv und Imperativ gibt es nicht.

Aktiv

	Indikativ	Optativ
1. Pers. Sg.	παιδεύσω: ich werde erziehen	παιδεύσοιμι: ich möchte (in Zukunft) erziehen
2. Pers. Sg.	παιδεύσεις: du wirst erziehen	παιδεύσοις: du möchtest (in Zukunft) erziehen
3. Pers. Sg.	παιδεύσει: er/sie/es wird erziehen	παιδεύσοι: er/sie/es möchte (in Zukunft) erziehen
1. Pers. Pl.	παιδεύσομεν: wir werden erziehen	παιδεύσοιμεν: wir möchten (in Zukunft) erziehen
2. Pers. Pl.	παιδεύσετε: ihr werdet erziehen	παιδεύσοιτε: ihr möchtet (in Zukunft) erziehen
3. Pers. Pl.	παιδεύσουσι(ν): sie werden erziehen	παιδεύσοιεν: sie möchten (in Zukunft) erziehen

Infinitiv: παιδεύσειν: erziehen werden

Partizip: παιδεύσων, παιδεύσοντος: einer, der erziehen wird (→ dekliniert nach der dritten Deklination: vgl. Heft 2, S. 14)

παιδεύσουσα, παιδευσούσης: eine, die erziehen wird (→ dekliniert nach der a-Deklination: vgl. Heft 2, S. 9 f.)

παιδεῦσον, παιδεύσοντος: etwas, das erziehen wird (→ dekliniert nach der dritten Deklination: vgl. Heft 2, S. 14)

Medium

	Indikativ	Optativ
1. Pers. Sg.	παιδεύσομαι: ich werde für mich erziehen	παιδευσοίμην: ich möchte (in Zukunft) für mich erziehen
2. Pers. Sg.	παιδεύσῃ: du wirst für dich erziehen	παιδεύσοιο: du möchtest (in Zukunft) für dich erziehen
3. Pers. Sg.	παιδεύσεται: er/sie/es wird für sich erziehen	παιδεύσοιτο: er/sie/es möchte (in Zukunft) für sich erziehen

	Indikativ	Optativ
1. Pers. Pl.	παιδευσόμεθα: wir werden für uns erziehen	παιδευσοίμεθα: wir möchten (in Zukunft) für uns erziehen
2. Pers. Pl.	παιδεύσεσθε: ihr werdet erziehen	παιδεύσοισθε: ihr möchtet (in Zukunft) für euch erziehen
3. Pers. Pl.	παιδεύσονται: sie werden für sich erziehen	παιδεύσοιντο: sie möchten (in Zukunft) für sich erziehen

Infinitiv: παιδεύσεσθαι: (in Zukunft) für sich erziehen

Partizip: παιδευσόμενος, παιδευσομένου: einer, der für sich erziehen wird
παιδευσομένη, παιδευσομένης: eine, die für sich erziehen wird
παιδευσόμενον, παιδευσομένου: etwas, das für sich erziehen wird
(→ dekliniert nach der o- und a-Deklination; vgl. Heft 2, S. 9 ff.)

Passiv

	Indikativ	Optativ
1. Pers. Sg.	παιδευθήσομαι: ich werde erzogen werden	παιδευθησοίμην: ich möchte (in Zukunft) erzogen werden
2. Pers. Sg.	παιδευθήσῃ: du wirst erzogen werden	παιδευθήσοιο: du möchtest (in Zukunft) erzogen werden
3. Pers. Sg.	παιδευθήσεται: er/sie/es wird erzogen werden	παιδευθήσοιτο: er/sie/es möchte (in Zukunft) erzogen werden
1. Pers. Pl.	παιδευθησόμεθα: wir werden erzogen werden	παιδευθησοίμεθα: wir möchten (in Zukunft) erzogen werden
2. Pers. Pl.	παιδευθήσεσθε: ihr werdet erzogen werden	παιδευθήσοισθε: ihr möchtet (in Zukunft) erzogen werden
3. Pers. Pl.	παιδευθήσονται: sie werden erzogen werden	παιδευθήσοιντο: sie möchten (in Zukunft) erzogen werden

Infinitiv: παιδευθήσεσθαι: (in Zukunft) erzogen werden

Partizip: παιδευθησόμενος, παιδευθησομένου: einer, der erzogen werden wird
παιδευθησομένη, παιδευθησομένης: eine, die erzogen werden wird
παιδευθησόμενον, παιδευθησομένου: etwas, das erzogen werden wird
(→ dekliniert nach der o- und a-Deklination; vgl. Heft 2, S. 9 ff.)

Übungen III

1. Setzen Sie folgende Präsensformen ins Futur und bestimmen Sie die Futurform!

a) παιδεύεται → _____ ; Bestimmung: _____

b) παιδεύοιτε → _____ ; Bestimmung: _____

c) παιδεύουσιν → _____ ; Bestimmung: _____

d) παιδευοίμην → _____ ; Bestimmung: _____

e) παιδεύετε → _____ ; Bestimmung: _____

f) παιδεύειν → _____ ; Bestimmung: _____

2. Setzen Sie folgende Passivformen in den jeweils anderen Numerus!

a) παιδευθησόμεθα → _____

b) παιδευθήσεται → _____

c) παιδευθήσῃ → _____

3. Sokrates spricht in Platons Dialog *Politeia* über einen funktionierenden Staat. – Bestimmen und übersetzen Sie die fett gedruckten Futurformen!

Πῶς ἡ πόλις **ἀρκέσει** ἐπὶ τοσαύτην παρασκευήν; Ὁ γὰρ γεωργὸς οὐκ αὐτὸς **ποιήσεται** ἑαυτῷ τὸ ἄροτρον· Τέκτονες οὖν καὶ χάλκεις καὶ τοιοῦτοι πολλοὶ δημιουργοὶ συχνὸν τὸ πολίχνιον **ποιήσουσιν**.

Nebentempora

Als Nebentempora bezeichnet man alle Tempora, die eine Handlung in der Vergangenheit ausdrücken. Kennzeichen aller dieser Zeitformen ist im Indikativ das Augment am Anfang des Wortes, das die Vergangenheit ausdrückt:

- Bei konsonantisch anlautenden Wörtern wird ἐ- vorangestellt. Beginnt das Wort mit ρ, wird dieser Buchstabe nach dem ἐ wiederholt: Die Vergangenheitstempora von ῥίπτω (ich werfe) beginnen mit ἐρριπ-.
- Bei vokalisch anlautenden Verben wird der anlautende Vokal gedehnt (α, ε → η; ο → ω; αι, ᾳ, ει → ῃ; οι → ῳ).
- Ist das Wort zusammengesetzt, aus einer Präposition wie ἐκ- (hinaus-), ἐν- (hinein-) etc. und einem einfachen Verb, wird das Augment zwischen Präposition und Verb eingefügt. Achtung: Die Präposition am Anfang ist nicht immer leicht zu erkennen, da sie sich an das Verb angleicht und mit einem anderen Buchstaben enden kann. So lautet das Imperfekt von ἀπο-βάλλω (ich werfe weg) ἀπ-έβαλον, von ἐγ-γράφω (entstanden aus ἐν-γράφω: ich schreibe darauf) ἐν-έγραφον.

! Diese Regel gilt nur für den Indikativ, da nur dieser nach griechischem Sprachverständnis die Vergangenheit ausdrückt! Die anderen Modi drücken die Möglichkeit aus, der Infinitiv und das Partizip ein Zeitverhältnis: Darum fehlt diesen Formen das Augment.

Imperfekt

Das Imperfekt bezeichnet Zustände in der Vergangenheit oder Handlungen, die in der Vergangenheit andauerten, öfter wiederholt wurden oder sich entwickelten.

Im Imperfekt gibt es nur den Modus Indikativ, d.h. nur Formen mit Augment.

Im Aktiv haben die 1. Pers. Sg. und die 3. Pers. Pl. die gleichen Endungen.

Es gibt nur Aktiv und Medium/Passiv. Auch einen Infinitiv und Partizipien gibt es im Imperfekt nicht.

Aktiv

	Indikativ
1. Pers. Sg.	ἐπαίδευον: ich erzog
2. Pers. Sg.	ἐπαίδευες: du erzogst
3. Pers. Sg.	ἐπαίδευε(ν): er/sie/es erzog
1. Pers. Pl.	ἐπαιδεύομεν: wir erzogen
2. Pers. Pl.	ἐπαιδεύετε: ihr erzogt
3. Pers. Pl.	ἐπαίδευον: sie erzogen

Medium und Passiv

	Indikativ
1. Pers. Sg.	ἐπαιδευόμην: ich erzog für mich ODER ich wurde erzogen
2. Pers. Sg.	ἐπαιδεύου: du erzogst für dich ODER du wurdest erzogen
3. Pers. Sg.	ἐπαιδεύετο: er/sie/es erzog für sich ODER er/sie/es wurde erzogen
1. Pers. Pl.	ἐπαιδευόμεθα: wir erzogen für uns ODER wir wurden erzogen
2. Pers. Pl.	ἐπαιδεύεσθε: ihr erzogt für euch ODER ihr wurdet erzogen
3. Pers. Pl.	ἐπαιδεύοντο: sie erzogen für sich ODER sie wurden erzogen

Übungen IV

1. Bilden Sie zu den angegebenen Formen von παιδεύειν die entsprechenden Formen von γράφειν (schreiben) und bestimmen Sie die beiden Formen nach Person und Genus Verbi!

a) ἐπαίδευες → _____; Bestimmung: _____

b) ἐπαιδεύετο → _____; Bestimmung: _____

c) ἐπαίδευον → _____; Bestimmung: _____

   oder _____

d) ἐπαιδεύομεν → _____; Bestimmung: _____

e) ἐπαιδεύου → _____; Bestimmung: _____

2. In dem Roman *Daphnis und Chloe* des Longos vermissen die beiden verliebten Hirtenkinder Daphnis und Chloe einander im Winter, wenn sie nicht auf die Weide gehen können. – Bestimmen und übersetzen Sie die fett gedruckten Imperfekt-Formen!

Οἱ μὲν ἄλλοι γεωργοὶ καὶ αἰπόλοι **ἔχαιρον**, ὅτι πόνων **ἀπηλλάττοντο** ὀλίγον χρόνον· Χλόη δὲ καὶ Δάφνις **ἐμιμνήσκοντο**, ὡς ἅμα τὴν τροφὴν **προσέφερον**.

Aorist

Schwacher Aorist

Der Aorist ist im Griechischen eine eigene Zeitform, die Handlungen angibt, die in der Vergangenheit nur einmal stattgefunden haben.

Beim Aorist unterscheidet man zwischen dem »schwachen« und dem »starken« Aorist. Die meisten Verben bilden den schwachen Aorist. Dieser hat die Endungen, die in folgender Tabelle dargestellt sind.

Zur typischen Bildungsweise des Aorists gehört auch hier das Augment, das im Indikativ an den Anfang des Wortes tritt. Außerdem tritt im Aktiv und Medium ein σ zwischen Stammende und Endung; endet das Stammende auf einen Konsonanten, wird dieser in den entsprechenden »Zischlaut« ψ (bei Stammende auf β, π, φ), ξ (bei Stammende auf γ, κ, χ), σ (bei Stammende auf δ, τ, θ) umgewandelt.

Im Ind. Aktiv und Medium enthält die Personalendung meist den Vokal α, im Optativ den Diphthong αι. Im Konjunktiv gibt es keine eigenen Endungen, wie in den anderen Tempora werden die Präsensendungen des Konjunktivs genommen (vgl. S. 9).

Im Ind. Passiv enthalten die Personalendungen die Buchstabenkombination -θη-. Auch in den übrigen Formen des Passivs steht das θ als Tempuskennzeichen.

Schwacher Aorist Aktiv

	Indikativ	Konjunktiv
1. Pers. Sg.	ἐπαίδευσα: ich habe erzogen	παιδεύσω: ich würde erziehen
2. Pers. Sg.	ἐπαίδευσας: du hast erzogen	παιδεύσῃς: du würdest erziehen
3. Pers. Sg.	ἐπαίδευσε(ν): er/sie/es hat erzogen	παιδεύσῃ: er/sie/es würde erziehen
1. Pers. Pl.	ἐπαιδεύσαμεν: wir haben erzogen	παιδεύσωμεν: wir würden erziehen
2. Pers. Pl.	ἐπαιδεύσατε: ihr habt erzogen	παιδεύσητε: ihr würdet erziehen
3. Pers. Pl.	ἐπαίδευσαν: sie haben erzogen	παιδεύσωσι(ν): sie würden erziehen

	Optativ	Imperativ
1. P. Sg.	παιδεύσαιμι: ich möchte erziehen	
2. P. Sg.	παιδεύσαις: du möchtest erziehen	παίδευσον!: Erziehe (sofort)!
3. P. Sg.	παιδεύσαι: er/sie/es möchte erziehen	παιδευσάτω!: Er/sie/es soll erziehen!
1. P. Pl.	παιδεύσαιμεν: wir möchten erziehen	
2. P. Pl.	παιδεύσαιτε: ihr möchtet erziehen	παιδεύσατε!: Erzieht (sofort)!
3. P. Pl.	παιδεύσαιεν: sie möchten erziehen	παιδευσάντων!: Sie sollen erziehen!

Infinitiv: παιδεῦσαι: (zu) erziehen

Partizip: παιδεύσας, παιδεύσαντος: einer, der erzieht (→ dekliniert nach der dritten Deklination: vgl. Heft 2, S. 14)
παιδεύσασα, παιδευσάσης: eine, die erzieht (→ dekliniert nach der a-Deklination: vgl. Heft 2, S. 9 f.)
παιδεῦσαν, παιδεύσαντος: etwas, das erzieht (→ dekliniert nach der dritten Deklination: vgl. Heft 2, S. 14)

HINWEIS: Der Imperativ Präsens bezeichnet einen dauernden, für die Folge berechneten Befehl oder ein allgemeingültiges Verbot – der Imperativ Aorist dagegen bezeichnet einen auf unmittelbare Verwirklichung berechneten Befehl.

Schwacher Aorist Medium

	Indikativ	Konjunktiv
1. Pers. Sg.	ἐπαιδευσάμην: ich habe für mich erzogen	παιδεύσωμαι: ich würde für mich erziehen
2. Pers. Sg.	ἐπαιδεύσω: du hast für dich erzogen	παιδεύσῃ: du würdest für dich erziehen
3. Pers. Sg.	ἐπαιδεύσατο: er/sie/es hat für sich erzogen	παιδεύσηται: er/sie/es würde für sich erziehen
1. Pers. Pl.	ἐπαιδευσάμεθα: wir haben für uns erzogen	παιδευσώμεθα: wir würden für uns erziehen
2. Pers. Pl.	ἐπαιδεύσασθε: ihr habt für euch erzogen	παιδεύσησθε: ihr würdet für euch erziehen
3. Pers. Pl.	ἐπαιδεύσαντο: sie haben für sich erzogen	παιδεύσωνται: sie würden für sich erziehen

	Optativ	Imperativ
1. Pers. Sg.	παιδευσαίμην: ich möchte für mich erziehen	
2. Pers. Sg.	παιδεύσαιο: du möchtest für dich erziehen	παίδευσαι!: Erziehe für dich!
3. Pers. Sg.	παιδεύσαιτο: er/sie/es möchte für sich erziehen	παιδευσάσθω!: Er/sie/es soll für sich erziehen!
1. Pers. Pl.	παιδευσαίμεθα: wir möchten für uns erziehen	
2. Pers. Pl.	παιδεύσαισθε: ihr möchtet für euch erziehen	παιδεύσασθε!: Erzieht für euch!
3. Pers. Pl.	παιδεύσαιντο: sie möchten für sich erziehen	παιδευσάσθων!: Sie sollen für sich erziehen!

Infinitiv: παιδεύσασθαι: für sich (zu) erziehen

Partizip: παιδευσάμενος, παιδευσαμένου: einer, der für sich erzieht
παιδευσαμένη, παιδευσαμένης: eine, die für sich erzieht
παιδευσάμενον, παιδευσαμένου: etwas, das für sich erzieht
(→ dekliniert nach der a- und o-Deklination; vgl. Heft 2, S. 10 f.)

Schwacher Aorist Passiv

	Indikativ	Konjunktiv
1. Pers. Sg.	ἐπαιδεύθην: ich wurde erzogen	παιδευθῶ: ich würde erzogen werden
2. Pers. Sg.	ἐπαιδεύθης: du wurdest erzogen	παιδευθῇς: du würdest erzogen werden
3. Pers. Sg.	ἐπαιδεύθη: er/sie/es wurde erzogen	παιδευθῇ: er/sie/es würde erzogen werden
1. Pers. Pl.	ἐπαιδεύθημεν: wir wurden erzogen	παιδευθῶμεν: wir würden erzogen werden
2. Pers. Pl.	ἐπαιδεύθητε: ihr wurdet erzogen	παιδευθῆτε: ihr würdet erzogen werden
3. Pers. Pl.	ἐπαιδεύθησαν: sie wurden erzogen	παιδευθῶσι(ν): sie würden erzogen werden

	Optativ	Imperativ
1. Pers. Sg.	παιδευθείην: ich möchte erzogen werden	
2. Pers. Sg.	παιδευθείης: du möchtest erzogen werden	παιδεύθητι!: Lass dich erziehen!
3. Pers. Sg.	παιδευθείη: er/sie/es möchte erzogen werden	παιδευθήτω!: Er/sie/es soll erzogen werden!
1. Pers. Pl.	παιδευθείημεν: wir möchten erzogen werden	
2. Pers. Pl.	παιδευθείητε: ihr möchtet erzogen werden	παιδεύθητε!: Lasst euch erziehen!
3. Pers. Pl.	παιδευθείησαν: sie möchten erzogen werden	παιδευθέντων!: Sie sollen erzogen werden!

Infinitiv: παιδευθῆναι: erzogen (zu) werden

Partizip: παιδευθείς, παιδευθέντος: einer, der erzogen wurde (→ dekliniert nach der dritten Deklination: vgl. Heft 2, S. 14)

παιδευθεῖσα, παιδευθείσης: eine, die erzogen wurde (→ dekliniert nach der a-Deklination: vgl. Heft 2, S. 9 f.)

παιδευθέν, παιδευθέντος: etwas, das erzogen wurde (→ dekliniert nach der dritten Deklination)

Übungen V

1. Bestimmen Sie folgende Formen des Indikativs und führen Sie sie mithilfe eines Wörterbuchs auf ihre 1. Person Sg. Präsens Aktiv zurück! (Beachten Sie dabei die Augmentregeln, S. 20!)

a) ἔγραψα   Bestimmung: _____ von _____

b) ἐλύσασθε Bestimmung: _____ von _____

c) ἤκουσεν   Bestimmung: _____ von _____

d) ἐτέλεσαν Bestimmung: _____ von _____

e) ἐχρίσατο Bestimmung: _____ von _____

2. Bilden Sie folgende Aorist-Formen des Verbs παιδεύω in allen drei Genera Verbi!

	Aktiv	Medium	Passiv
2. Pers. Sg. Konj.			
1. Pers. Pl. Opt.			
3. Pers. Pl. Konj.			
Imp. 2. Pers. Sg.			
Infinitiv			

3. Apollodor berichtet von dem Gott Asklepios. – Bestimmen und übersetzen Sie die fett gedruckten Aoristformen!

a) Ἀσκληπιὸς **ἐκομίσθη** πρὸς Χείρονα τὸν Κένταυρον, παρ' οὗ τὴν ἰατρικὴν **ἐδιδάχθη**.

b) Ζεὺς δὲ οὐκ ἐθέλων τοὺς ἀνθρώπους **ἐλευθερωθῆναι** θανάτου **ἐκεραύνωσεν** αὐτόν.

c) **Ἐκέλευσεν** αὐτὸν ἐνιαυτὸν ἀνδρὶ θνητῷ **θητεῦσαι**.

Starker Aorist

Einige Verben bilden nicht den schwachen, sondern den starken Aorist. Hier hat der Indikativ die Endungen des Imperfekts. Alle übrigen Formen im Aktiv und Medium haben die Endungen des Präsens.
 Der Aor. Passiv unterscheidet sich bei Verben, die im Aktiv und Medium einen starken Aorist bilden, nicht von solchen Verben, die einen schwachen Aorist bilden. Vom Beispielwort βάλλω (ich werfe) lautet der Aor. Pass. ἐβλήθην und wird genau wie in der Tabelle zum schwachen Aor. Pass. konjugiert (vgl. S. 22).
 Andere Verben bilden einen starken Aorist Passiv; dieser unterscheidet sich vom schwachen Aorist Passiv aber nur dadurch, dass das Tempuskennzeichen -η- statt -θη- lautet: z.B. γράφω → Aor. Pass. ἐγράφην. Die Personalendungen sind die gleichen.

Starker Aorist Aktiv

	Indikativ	Optativ
1. Pers. Sg.	ἔβαλον: ich habe geworfen	βάλοιμι: ich möchte werfen
2. Pers. Sg.	ἔβαλες: du hast geworfen	βάλοις: du möchtest werfen
3. Pers. Sg.	ἔβαλε(ν): er/sie/es hat geworfen	βάλοι: er/sie/es möchte werfen
1. Pers. Pl.	ἐβάλομεν: wir haben geworfen	βάλοιμεν: wir möchten werfen
2. Pers. Pl.	ἐβάλετε: ihr habt geworfen	βάλοιτε: ihr möchtet werfen
3. Pers. Pl.	ἔβαλον: sie haben geworfen	βάλοιεν: sie möchten werfen

	Konjunktiv	Imperativ
1. Pers. Sg.	βάλω: ich würde werfen	
2. Pers. Sg.	βάλῃς: du würdest werfen	βάλε!: Wirf!
3. Pers. Sg.	βάλῃ: er/sie/es würde werfen	βαλέτω!: Er/sie/es soll werfen!
1. Pers. Pl.	βάλωμεν: wir würden werfen	
2. Pers. Pl.	βάλητε: ihr würdet werfen	βάλετε!: Werft!
3. Pers. Pl.	βάλωσι(ν): sie würden werfen	βαλόντων!: Sie sollen werfen!

Infinitiv: βαλεῖν: (zu) werfen

Partizip: βαλών, βαλόντος: einer, der warf (→ dekliniert nach der dritten Deklination: vgl. Heft 2, S. 14)
βαλοῦσα, βαλούσης: eine, die warf (→ dekliniert nach der a-Deklination: vgl. Heft 2, S. 9 f.)
βαλόν, βαλόντος: etwas, das warf (→ dekliniert nach der dritten Deklination)

Starker Aorist Medium

	Indikativ	Optativ
1. P. Sg.	ἐβαλόμην: ich habe für mich geworfen	βαλοίμην: ich möchte für mich werfen
2. P. Sg.	ἐβάλου: du hast für dich geworfen	βάλοιο: du möchtest für dich werfen
3. P. Sg.	ἐβάλετο: er/sie/es hat für sich geworfen	βάλοιτο: er/sie/es möchte für sich werfen
1. P. Pl.	ἐβαλόμεθα: wir haben für uns geworfen	βαλοίμεθα: wir möchten für uns werfen
2. P. Pl.	ἐβάλεσθε: ihr habt für euch geworfen	βάλοισθε: ihr möchtet für euch werfen
3. P. Pl.	ἐβάλοντο: sie haben für sich geworfen	βάλοιντο: sie möchten für sich werfen

	Konjunktiv	Imperativ
1. P. Sg.	βάλωμαι: ich würde für mich werfen	
2. P. Sg.	βάλῃ: du würdest für dich werfen	βαλοῦ!: Wirf für dich!
3. P. Sg.	βάληται: er/sie/es würde für sich werfen	βαλέσθω!: Er/sie/es soll für sich werfen!

	Konjunktiv	Imperativ
1. P. Pl.	βαλώμεθα: wir würden für uns werfen	
2. P. Pl.	βάλησθε: ihr würdet für euch werfen	βάλεσθε!: Werft für euch!
3. P. Pl.	βάλωνται: sie würden für sich werfen	βαλέσθων!: Sie sollen für sich werfen!

Infinitiv: βαλέσθαι: für sich (zu) werfen

Partizip: βαλόμενος, βαλομένου: einer, der für sich warf
βαλομένη, βαλομένης: eine, die für sich warf
βαλόμενον, βαλομένου: etwas, das für sich warf
(dekliniert nach der a- und o-Deklination)

Übungen VI

1. Setzen Sie folgende Singularformen in den Plural und übersetzen Sie!

a) ἔβαλες → _____ : _____

b) βάλοι → _____ : _____

c) βάλω → _____ : _____

d) ἐβάλου → _____ : _____

e) βαλοίμην → _____ : _____

2. Setzen Sie folgende Pluralformen in den Singular und übersetzen Sie!

a) βάλωνται → _____ : _____

b) βαλόντων! → _____ : _____

c) βάλοιτε → _____ : _____

d) ἐβάλομεν → _____ : _____

e) βαλοίμεθα → _____ : _____

3. Konjugieren Sie das Verb ἐγράφην im Passiv!

	Singular	Plural
1. Pers.		
2. Pers.		
3. Pers.		

4. Der Redner Lysias berichtet über die Schreckensherrschaft der dreißig Tyrannen in Athen (404 v. Chr.). – Bestimmen und übersetzen Sie die fett gedruckten Formen!

a) Οἱ δ' ἄνδρες ἐμὲ μὲν **κατέλαβον**. Οἱ δ' ἄλλοι **ἀπεγράφοντο**.

_____

_____

b) **Εἶπον** οὖν, ὅτι τάλατον ἀργυρίου ἕτοιμός εἰμι τελέσαι.

_____

_____

Darstellung der Stammformen in der Stammformentabelle

In einer Stammformentabelle sind die Stammformen eines Verbs folgendermaßen dargestellt: Neben der Präsensform mit Übersetzung stehen die Aktivformen im Futur, Aorist und Perfekt. Unter den Aktivformen stehen jeweils die zugehörigen (Medium- und) Passivformen. Immer ist jeweils die 1. Pers. Sg. Ind. angegeben.

Bsp.:

παιδεύω	παιδεύσω	ἐπαίδευσα	πεπαίδευκα
ich erziehe	παιδευθήσομαι	ἐπαιδεύθην	πεπαίδευμαι

Der Stammformentabelle lässt sich entnehmen, …
– … wie im Aorist das Augment gebildet wird,
– … wie das Verb im Aorist konjugiert wird bzw. ob es im Aktiv den schwachen (Endung der 1. Person: -α) oder den starken Aorist (Endung: -ον) bildet,
– … wie das Perfekt gebildet wird.

HINWEIS: Manchmal ist zwischen der Präsens- und der Futurform noch der Wortstamm des Verbs angegeben.

Übungen VII

Einige Beispiele von Verben und ihren Stammformen, wie sie in der Stammformentabelle angegeben sind:

Verb 1:

ἄγω	ἄξω	ἤγαγον	ἦχα
ich führe	ἀχθήσομαι	ἤχθην	ἦγμαι

Verb 2:

ἐκ-πλήττω	ἐκ-πλήξω	ἐξ-έπληξα	ἐκ-πέπληγα
ich erschrecke jmdn.	ἐκ-πλαγήσομαι	ἐξ-επλάγην	ἐκ-πέπληγμαι

Verb 3:

ὁράω	ὄψομαι	εἶδον	ἑώρακα
ich sehe	ὀφθήσομαι	ὤφθην	ἑώραμαι

Beantworten Sie folgende Fragen zu den oben abgebildeten Stammformen:

1. Nach welcher Regel wird jeweils das Augment gebildet? (Beachten Sie die Regeln zur Augmentbildung auf S. 20! Aber Achtung: Verb 3 stellt eine Ausnahme dar!)

Verb 1: _____

Verb 2: _____

Verb 3: _____

2. Welches der Verben bildet einen starken Aorist Aktiv? Woran ist das erkennbar? Konjugieren Sie dieses Verb im Indikativ Aorist Aktiv (Endungen: vgl. S. 20 ff.)!

Verb _____; erkennbar an _____

	Singular	Plural
1. Pers.		
2. Pers.		
3. Pers.		

3. Wie wird das Perfekt Aktiv gebildet? (Beachten Sie die Regeln zur Perfektreduplikation auf S. 12)!

Verb 1: _____

Verb 2: _____

Verb 3: _____

Verba Contracta

Bei einigen Verben endet der Wortstamm auf einen kurzen Vokal (α, ε, o). Wenn dieser Vokal im Präsens und Imperfekt auf Personalendungen stößt, die mit einem Vokal beginnen, werden diese beiden Vokale zu gedehnten Vokalen oder Diphthongen kontrahiert. Dabei rückt der Akzent – meistens der Zirkumflex – auf die kontrahierten Vokale.

α-Contracta

Folgende Regeln gelten bei den Verben, deren Stamm auf -α auslautet:
- α + e-Laut (ε, η, ει, ῃ) wird zu α (oder, bei ει oder ῃ, zu ᾳ) kontrahiert.
- α+ o-Laut (o, ω, ου, οι) wird zu ω (oder, bei οι, zu ῳ) kontrahiert.

ÜBUNG: Bilden Sie die kontrahierten Formen des Verbs τιμάω (ich ehre) im Indikativ! Die unkontrahierten Formen sind angegeben – die Buchstabenkombinationen, die nach den oben dargestellten Regeln die Kontraktion auslösen, sind fett markiert.

	Präsens Aktiv	Präsens Med./Pass.
1. Pers. Sg.	τιμάω →	τιμάομαι →
2. Pers. Sg.	τιμάεις →	τιμάῃ →
3. Pers. Sg.	τιμάει →	τιμάεται →
1. Pers. Pl.	τιμάομεν →	τιμαόμεθα →
2. Pers. Pl.	τιμάετε →	τιμάεσθε →
3. Pers. Pl.	τιμάουσι(ν) →	τιμάονται →

Infinitiv Präsens Aktiv: τιμάειν → _____

Infinitiv Präsens Med./Pass.: τιμάεσθαι → _____

	Imperfekt Aktiv	Imperfekt Med./Pass.
1. Pers. Sg.	ἐτίμαον →	ἐτιμαόμην →
2. Pers. Sg.	ἐτίμαες →	ἐτιμάου →
3. Pers. Sg.	ἐτίμαε →	ἐτιμάετο →
1. Pers. Pl.	ἐτιμάομεν →	ἐτιμαόμεθα →
2. Pers. Pl.	ἐτιμάετε →	ἐτιμαέσθε →
3. Pers. Pl.	ἐτίμαον →	ἐτιμάοντο →

ε-Contracta

Bei den Verben, deren Stamm auf -ε auslautet, gelten folgende Regeln:
- ε + ε wird zu ει.
- ε + ο wird zu ου.
- ε vor langem Vokal (ω, η, ῃ) oder Diphthong (ου) wird verschlungen.

ÜBUNG: Bilden Sie auch hier aus den unkontrahierten Formen von ποιέω (ich tue) die kontrahierten Formen, indem Sie die oben dargestellten Regeln anwenden!

	Präsens Aktiv	Präsens Med./Pass.
1. Pers. Sg.	ποιέω →	ποιέομαι →
2. Pers. Sg.	ποιέεις →	ποιέῃ →
3. Pers. Sg.	ποιέει →	ποιέεται →
1. Pers. Pl.	ποιέομεν →	ποιεόμεθα →
2. Pers. Pl.	ποιέετε →	ποιέεσθε →
3. Pers. Pl.	ποιέουσι(ν) →	ποιέονται →

Infinitiv Präsens Aktiv: ποιέειν → _____

Infinitiv Präsens Med./Pass.: ποιέεσθαι → _____

	Imperfekt Aktiv	Imperfekt Med./Pass.
1. Pers. Sg.	ἐποίεον →	ἐποιεόμην →
2. Pers. Sg.	ἐποίεες →	ἐποιέου →
3. Pers. Sg.	ἐποίεε →	ἐποιέετο →
1. Pers. Pl.	ἐποιέομεν →	ἐποιεόμεθα →
2. Pers. Pl.	ἐποιέετε →	ἐποιέεσθε →
3. Pers. Pl.	ἐποίεον →	ἐποιέοντο →

o-Contracta

Wenn Verben auf -o auslauten, wird nach folgenden Regeln kontrahiert:
- ο + ε, ο, ου wird zu ου.
- ο + η, ω wird zu ω.
- ο + ι-Diphthong (ει, οι, ῃ) wird zu οι.

ÜBUNG: Bilden Sie die kontrahierten Formen des Verbs δουλόω (ich knechte), indem Sie die oben dargestellten Regeln anwenden!

	Präsens Aktiv	Präsens Med./Pass.
1. Pers. Sg.	δουλόω →	δουλόομαι →
2. Pers. Sg.	δουλόεις →	δουλόῃ →
3. Pers. Sg.	δουλόει →	δουλόεται →
1. Pers. Pl.	δουλόομεν →	δουλοόμεθα →
2. Pers. Pl.	δουλόετε →	δουλόεσθε →
3. Pers. Pl.	δουλόουσι(ν) →	δουλόονται →

Infinitiv Präsens Aktiv: δουλόειν → _____

Infinitiv Präsens Med./Pass.: δουλόεσθαι → _____

	Imperfekt Aktiv	Imperfekt Med./Pass.
1. Pers. Sg.	ἐδούλοον →	ἐδουλοόμην →
2. Pers. Sg.	ἐδούλοες →	ἐδουλόου →
3. Pers. Sg.	ἐδούλοε →	ἐδουλόετο →
1. Pers. Pl.	ἐδουλόομεν →	ἐδουλοόμεθα →
2. Pers. Pl.	ἐδουλόετε →	ἐδουλόεσθε →
3. Pers. Pl.	ἐδούλοον →	ἐδουλόοντο →

Übungen VIII

Sokrates und die Sophisten: Bestimmen Sie die fettgedruckten Formen in folgenden Sätzen aus Platons Dialog *Protagoras* und übersetzen Sie!

a) Καὶ γάρ ὁ ἔμπορος τε καὶ κάπηλος οὔτε αὐτοὶ ἐπίστανται, **ἐπαινοῦσιν** δὲ πάντα.

b) **Σκόπει** δή, πότερον ἡγῇ τῷ Πρωταγόρᾳ **δεῖν ὁμιλεῖν** ἢ οὔ!

c) Καὶ ἐγὼ **πειρώμενος** τοῦ Ἱπποκράτους **διεσκόπουν** καὶ **ἠρώτων**· »Παρὰ Πρωταγόραν νῦν **ἐπιχειρεῖς φοιτᾶν** – τίνος ἕνεκα;«

d) Σύ τε καλῶς **ἐρωτᾷς**, ὦ Σώκρατες, καὶ ἐγὼ τοῖς καλῶς **ἐρωτῶσι** χαίρω ἀποκρινόμενος.

Verba auf -μι

Alle Verben, die oben behandelt wurden, enden in der 1. Pers. Sg. Indikativ Präsens Aktiv auf -ω. Daneben gibt es auch Verben, die auf -μι enden.

Ihr langer Vokal am Stammauslaut ist so dominant, dass er alle Binde- oder Themavokale vertreibt wie o oder ε, die sich in den Formen der anderen Verben regelmäßig finden (z. B. -ομεν oder -ετε im Präsens), aber z. T. auch den Vokal α, der für den Aorist Aktiv charakteristisch ist. Darum heißen sie auch *athematische Verben* bzw. *Konjugationen*.

Die wichtigsten regelmäßigen athematischen Verben sind δίδωμι (ich gebe), τίθημι (ich setze), ἵημι (ich sende), ἵστημι (ich stelle), φημί (ich sage) und δείκνυμι (ich zeige). Es gibt noch andere Verben, die auf -νυμι enden; für sie gelten die gleichen Konjugationsregeln wie für δείκνυμι.

Den Stamm erhält man, wenn man in der ersten Person Singular die Endung -μι abtrennt. Im Indikativ Präsens Aktiv lauten die Personalendungen:

	Singular	Plural
1. Person	-μι	-μεν
2. Person	-ς	-τε
3. Person	-σι(ν)	-ασι(ν)

Im Singular bleibt der Stamm mit dem langen Vokalauslaut vor der Endung stehen (διδω-, τίθη-, ἱη-, ἱστη-, φη-, δεικνυ-). Im Plural wird der lange Vokal vor der Personalendung kurz (διδο-, τίθε-, ἱε-, ἱστα-, φα-, δεικνυ- mit kurzem υ). Damit ergibt sich im Indikativ Präsens folgendes Bild:

ÜBUNG: Füllen Sie nach der oben dargestellten Regel die Tabellen zum Indikativ Präsens aus!

1. Pers. Sg.	δίδωμι		
2. Pers. Sg.		τίθης	
3. Pers. Sg.			ἵησι(ν)
1. Pers. Pl.	δίδομεν		
2. Pers. Pl.		τίθετε	
3. Pers. Pl.			ἱᾶσι(ν)

1. Pers. Sg.	ἵστημι		
2. Pers. Sg.		φής	
3. Pers. Sg.			δείκνυσι(ν)
1. Pers. Pl.	ἵσταμεν		
2. Pers. Pl.		φατέ	
3. Pers. Pl.			δεικνύασι(ν)

Im Indikativ Präsens Med./Pass. bleibt der kurze Vokal am Stammauslaut in allen Personen erhalten. Die einzige Besonderheit ist hier, dass die 2. Person Singular -σαι lautet statt -η.

Das Verb φημί bildet keine medialen bzw. passivischen Formen.

ÜBUNG: Füllen Sie folgende Tabellen zum Präsens Med./Pass. aus (Personalendungen des Indikativ Präsens Med./Pass.: vgl. S. 10 ff.)!

1. Pers. Sg.	δίδομαι	τίθεμαι	ἵεμαι
2. Pers. Sg.	δίδοσαι	τίθεσαι	ἵεσαι
3. Pers. Sg.			
1. Pers. Pl.			
2. Pers. Pl.			
3. Pers. Pl.			

1. Pers. Sg.	ἵσταμαι	δείκνυμαι
2. Pers. Sg.		
3. Pers. Sg.		
1. Pers. Pl.		
2. Pers. Pl.		
3. Pers. Pl.		

Im Konjunktiv Präsens Aktiv und Med./Pass. sind die Endungen identisch mit den Endungen der thematischen Verben. Exemplarisch wird in der folgenden Tabelle das Wort τίθημι konjugiert. Einzige Ausnahme ist das Wort δίδωμι, da hier im Stammauslaut immer das ω bleibt.

ÜBUNG: Vervollständigen Sie die folgende Tabelle (Personalendungen des Konjunktiv Präsens: vgl. S. 9 ff.)!

	Konj. Akt.	Konj. Akt.	Konj. Med./Pass.	Konj. Med./Pass.
1. Pers. Sg.	τιθῶ	διδῶ		διδῶμαι
2. Pers. Sg.		διδῷς	τιθῇ	διδῷ
3. Pers. Sg.		διδῷ		διδῶται
1. Pers. Pl.		διδῶμεν		διδώμεθα
2. Pers. Pl.	τιθῆτε	διδῶτε		διδῶσθε
3. Pers. Pl.		διδῶσι(ν)	τιθῶνται	διδῶνται

Im Optativ Präsens sind – außer bei dem Verb δείκνυμι, bei dem auf das υ das οι folgt – die Charaktervokale nicht οι wie bei den thematischen Verben, sondern der kurze Vokal am Stammauslaut verbindet sich mit dem ι. Die Personalendungen lauten – außer bei dem Verb δείκνυμι – so wie unten am Beispiel von τίθημι ersichtlich; in der folgenden Tabelle werden die Verben δείκνυμι und τίθημι exemplarisch gegenübergestellt.

ÜBUNG: Ergänzen Sie die fehlenden Formen des Verbs δείκνυμι im Optativ Präsens (Personalendungen des Optativs: vgl. S. 9 ff.)!

	Opt. Präs. Akt.	Opt. Präs. Akt.	Opt. Präs. Med./Pass.	Opt. Präs. Med./Pass.
1. Pers. Sg.	τιθείην	δεικνύοιμι	τιθείμην	δεικνυοίμην
2. Pers. Sg.	τιθείης		τιθεῖο	
3. Pers. Sg.	τιθείη		τιθεῖτο	
1. Pers. Pl.	τιθεῖμεν		τιθείμεθα	
2. Pers. Pl.	τιθεῖτε		τιθεῖσθε	
3. Pers. Pl.	τιθεῖεν		τιθεῖντο	

Das <u>Partizip Präsens</u> endet im Aktiv nicht wie bei den thematischen Verben auf -ων, -ουσα, -ον, sondern auf -ς, -σα, -ν, wird aber ebenfalls nach der dritten Deklination (maskulin, neutrum) bzw. der a-Deklination dekliniert:

διδούς, διδόντος: einer, der gibt
διδοῦσα, διδούσης: eine, die gibt
διδόν, διδόντος: etwas, das gibt

ἱείς, ἱέντος: einer, der sendet
ἱεῖσα, ἱείσης: eine, die sendet
ἱέν, ἱέντος: etwas, das sendet

δεικνύς, δεικνύντος: einer, der zeigt
δεικνῦσα, δεικνύσης: eine, die zeigt
δεικνύν, δεικνύντος: etwas, das zeigt

τιθείς, τιθέντος: einer, der setzt
τιθεῖσα, τιθείσης: eine, die setzt
τιθέν, τιθέντος: etwas, das setzt

ἱστάς, ἱστάντος: einer, der stellt
ἱστᾶσα, ἱστάσης: eine, die stellt
ἱστάν, ἱστάντος: etwas, das stellt

Das <u>Partizip Präsens Medium/Passiv</u> endet wie bei den thematischen Verben, aber ohne Themavokal, auf -μένος, -μένη, -μένον (vgl. S. 10).

Im <u>Imperfekt</u> endet der Stamm der athematischen Verben auf dem kurzen Vokal. Wenn er in der Personalendung auf einen Vokal stößt, wird kontrahiert (vgl. S. 29–31). Die Endungen im Aktiv sind fast identisch mit denen der thematischen Verben: Nur in der 3. Pers. Pl. lautet die Endung -σαν statt -ον; in der 1. und 2. Pers. Pl. entfällt jeweils der Themavokal: -μεν statt -ομεν, -τε statt -ετε.

Im Medium/Passiv ist die einzige Ausnahme bei den Personalendungen die 2. Person Singular: sie lautet -σο statt -ου. Auch hier entfallen allerdings die Themavokale ε und ο: -μεθα, -σθε, -ντο statt -ομεθα, -εσθε, -οντο.

ÜBUNG: In folgender Tabelle sind teilweise die unkontrahierten Formen des Imperfekts von δίδωμι angegeben, andere Formen fehlen ganz. Bilden Sie die kontrahierten Formen der 1.–3. Pers. Sg. nach den Regeln der Verba Contracta (S. 29–31) und bilden Sie die übrigen Formen nach den oben dargestellten Regeln! (Personalendungen des Imperfekts Aktiv und Med./Pass.: vgl. S. 18 f.)

	Imperfekt Aktiv	Imperfekt Med./Pass.
1. Pers. Sg.	ἐδίδοον →	ἐδιδόμην
2. Pers. Sg.	ἐδίδοες →	
3. Pers. Sg.	ἐδίδοε →	
1. Pers. Pl.		
2. Pers. Pl.		
3. Pers. Pl.		

Der Imperativ endet im Aktiv in der 2. Pers. Sg. auf -ε (außer beim Verb δείκνυμι: hier lautet der Imp. 2. Pers. Sg. nur δείκνυ!), allerdings werden auch hier die Kontraktionsregeln (vgl. S. 29–31) angewandt. Die anderen Imperative haben die gleiche Endung wie in der thematischen Konjugation, wobei die Themavokale in der 3. Person entfallen: -τω statt -έτω, -ντων statt -όντων. Eine Ausnahme ist hier allerdings das Verb φημί, wo der Imperativ in der 2. Pers. Sg. auf -θι endet:

2. Pers. Sg.	δίδου!	τίθει!	ἵει!	ἵστη!	φάθι!
3. Pers. Sg.	διδότω!	τιθέτω!	ἱέτω!	ἱστάτω!	φάτω!
1. Pers. Pl.	δίδοτε!	τίθετε!	ἵετε!	ἵστατε!	φάτε!
2. Pers. Pl.	διδόντων!	τιθέντων!	ἱέντων!	ἱστάντων!	φάντων!

Der Imperativ Med./Pass. endet – nach dem kurzen Vokal am Stammende – bei allen Verben regelmäßig auf -σο, -σθω, -σθε, -σθων – ohne Themavokale.

Die Infinitive enden – ebenfalls nach dem kurzen Vokal am Stammende – im Aktiv auf -ναι, im Medium/Passiv auf -σθαι:
 διδόναι: (zu) geben – δίδοσθαι: für sich (zu) geben ODER gegeben (zu) werden
 Das Verb φημί bildet nur den Infinitiv Aktiv.

ÜBUNG: Bilden Sie die Infinitive Aktiv und Medium/Passiv der anderen athematischen Verben unter Angabe der deutschen Übersetzung nach der oben dargestellten Regel!

τιθ_____: _____ – _____ : _____

ἱε_____: _____ – _____ : _____

ἱστά_____: _____ – _____ : _____

φά_____: _____

δεικνύ_____: _____ – _____: _____

Im Aorist Indikativ bleibt bei den Verben δίδωμι, τίθημι, ἵημι der Charaktervokal α nur im Singular erhalten (nach dem langen Vokal am Stammende), im Plural sind die Personalendungen -μεν, -τε, -σαν (nach dem kurzen Vokal am Stammende). Die Formen von δείκνυμι und ἵστημι werden – wobei die Stammformentabelle jeweils die 1. Pers. Sg. Indikativ angibt – regelmäßig konjugiert (vgl. S. 20 ff.).

HINWEIS: Bei dem Verb ἵημι ändert sich die Augmentbildung von ἤ zu εἷ!

ÜBUNG: Füllen Sie folgende Tabelle aus!

1. Pers. Sg.	ἔδωκα		
2. Pers. Sg.		ἔθηκας	
3. Pers. Sg.			ἧκε(ν)
1. Pers. Pl.	ἔδομεν		
2. Pers. Pl.		ἔθετε	
3. Pers. Pl.			εἷσαν

Das Partizip Aorist Aktiv erhält man, wenn man vom Partizip Präsens Aktiv (vgl. S. 20) jeweils die erste Silbe (δι-, τι-, ἱ-) abtrennt.

εἰμί: ich bin

Ein Verb mit besonderen Formen ist, wie im Deutschen, das Verb εἶναι (= sein).

	Indikativ Präsens	Konjunktiv Präsens	Optativ Präsens
1. Pers. Sg.	εἰμί: ich bin	ὦ: ich wäre	εἴην: ich möchte sein
2. Pers. Sg.	εἶ: du bist	ᾖς: du wärst	εἴης: du möchtest sein
3. Pers. Sg.	ἐστί(ν): er/sie/es ist	ᾖ: er/sie/es wäre	εἴη: er/sie/es möchte sein
1. Pers. Pl.	ἐσμέν: wir sind	ὦμεν: wir wären	εἶμεν: wir möchten sein
2. Pers. Pl.	ἐστέ: ihr seid	ἦτε: ihr wärt	εἶτε: ihr möchtet sein
3. Pers. Pl.	εἰσί(ν): sie sind	ὦσι(ν): sie wären	εἶεν: sie möchten sein

	Imperativ Präsens	Indikativ Imperfekt	Indikativ Futur
1. Pers. Sg.		ἦν: ich war	ἔσομαι: ich werde sein
2. Pers. Sg.	ἴσθι!: sei!	ἦσθα: du warst	ἔσῃ: du wirst sein
3. Pers. Sg.	ἔστω!: er/sie/es soll sein!	ἦν: er/sie/es war	ἔσται: er/sie/es wird sein
1. Pers. Pl.		ἦμεν: wir waren	ἐσόμεθα: wir werden sein
2. Pers. Pl.	ἔστε!: seid!	ἦτε: ihr wart	ἔσεσθε: ihr werdet sein
3. Pers. Pl.	ἔστων!: sie sollen sein!	ἦσαν: sie waren	ἔσονται: sie werden sein

Infinitiv: εἶναι: (zu) sein

Partizip: ὤν, ὄντος: einer, der ist (→ dekliniert nach der dritten Deklination)
ὀῦσα, οὔσης: eine, die ist (→ dekliniert nach der a-Deklination)
ὄν, ὄντος: etwas, das ist (→ dekliniert nach der dritten Deklination)

Außer der 2. Pers. Sg. sind alle Formen im Ind. Präs. enklitisch; das heißt, sie lehnen sich so eng an das vorhergehende Wort an, dass sie ihren eigenen Akzent verlieren.

Übung IX

Bestimmen und übersetzen Sie die fett gedruckten Formen in folgendem Auszug aus Herodots *Historien*!

Εἰ μὲν ἀθάνατος δοκέεις **εἶναι**, οὐδέν **ἐστι** πρᾶγμα γνώμην ἐμὲ σοὶ ἀποφαίνεσθαι. Εἰ δ' ἔγνωκας, ὅτι ἄνθρωπος **εἶ**, ἐκεῖνο μάνθανε.

εἶμι: ich werde gehen

Auch wenn die Formen ähnlich scheinen: Die Formen dieses Verbs lassen sich leicht von dem vorhergehenden unterscheiden, wenn der Akzent beachtet wird. Im Unterschied zu den Formen von εἰμί tragen die von εἶμι im Ind. Präs. immer ihren eigenen Akzent auf der ersten Silbe; nur die 2. P. Sg. ist bei beiden Verben identisch.

Der Indikativ Präsens hat zudem Futurbedeutung; »ich gehe« heißt hingegen ἔρχομαι.

	Indikativ Präsens	Konjunktiv Präsens	Optativ Präsens
1. P. Sg.	εἶμι: ich werde gehen	ἴω: ich würde gehen	ἴοιμι: ich möchte gehen
2. P. Sg.	εἶ: du wirst gehen	ἴῃς: du würdest gehen	ἴοις: du möchtest gehen
3. P. Sg.	εἶσι(ν): er/sie/es wird gehen	ἴῃ: er/sie/es würde gehen	ἴοι: er/sie/es möchte gehen
1. P. Pl.	ἴμεν: wir werden gehen	ἴωμεν: wir würden gehen	ἴοιμεν: wir möchten gehen
2. P. Pl.	ἴτε: ihr werdet gehen	ἴητε: ihr würdet gehen	ἴοιτε: ihr möchtet gehen
3. P. Pl.	ἴασι(ν): sie werden gehen	ἴωσι(ν): sie würden gehen	ἴοιεν: sie möchten gehen

	Imperativ Präsens	Indikativ Imperfekt
1. Pers. Sg.		ᾖα: ich ging
2. Pers. Sg.	ἴθι!: geh!	ᾔεις: du gingst
3. Pers. Sg.	ἴτω!: er/sie/es soll gehen!	ᾔει: er/sie/es ging
1. Pers. Pl.		ᾖμεν: wir gingen
2. Pers. Pl.	ἴτε!: geht!	ᾖτε: ihr gingt
3. Pers. Pl.	ἰόντων!: sie sollen gehen!	ᾖσαν: sie gingen

Infinitiv: ἰέναι: (zu) gehen

Partizip: ἰών, ἰόντος: einer, der geht (→ dekliniert nach der dritten Deklination)
ἰοῦσα, ἰούσης: eine, die geht (→ dekliniert nach der a-Deklination)
ἰόν, ἰόντος: etwas, das geht (→ dekliniert nach der dritten Deklination)

Übungen X

Bestimmen und übersetzen Sie die fett gedruckten Formen in folgendem Auszug aus Platons *Symposion!*

a) Ἔφη γὰρ ὁ Ἀριστόδημος ἐρέσθαι αὐτόν, ὅποι **ἴοι**.

b) Ταῦτα δὴ ἐκαλλωπισάμην, ἵνα καλὸς παρὰ καλὸν **ἴω**.

c) Πῶς ἔχεις πρὸς τὸ ἐθέλειν ἄν **ἰέναι** ἄκλητος ἐπὶ δεῖπνον;

d) Ἕπου τοίνυν, ὡς ἄρα καὶ Ἀγάθων' **ἴασιν** αὐτόματοι ἀγαθοί.

οἶδα: ich weiß

Die Bedeutung des Verbs οἶδα = *ich weiß* ist ein Resultat aus einem anderen Vorgang (ich habe kennengelernt → ich weiß). Darum hat es im Indikativ die Formen des Perfekts, da diese Zeitform Zustände angibt, die aus anderen Handlungen resultieren (vgl. S. 12).

	Indikativ Präsens	**Konjunktiv Präsens**	**Optativ Präsens**
1. Pers. Sg.	οἶδα: ich weiß	εἰδῶ: ich würde wissen	εἰδείην: ich möchte wissen
2. Pers. Sg.	οἶσθα: du weißt	εἰδῇς: du würdest wissen	εἰδείης: du möchtest wissen
3. Pers. Sg.	οἶδε(ν): er/sie/es weiß	εἰδῇ: er/sie/es würde wissen	εἰδείη: er/sie/es möchte wissen
1. Pers. Pl.	ἴσμεν: wir wissen	εἰδῶμεν: wir würden wissen	εἰδεῖμεν: wir möchten wissen
2. Pers. Pl.	ἴστε: ihr wisst	εἰδῆτε: ihr würdet wissen	εἰδεῖτε: ihr möchtet wissen
3. Pers. Pl.	ἴσασι(ν): sie wissen	εἰδῶσι(ν): sie würden wissen	εἰδεῖεν: sie möchten wissen

	Imperativ Präsens	**Imperfekt**	**Futur**
1. Pers. Sg.		ᾔδη: ich wusste	εἴσομαι: ich werde wissen
2. Pers. Sg.	ἴσθι!: wisse!	ᾔδησθα: du wusstest	εἴσῃ: du wirst wissen
3. Pers. Sg.	ἴστω!: er/sie/es soll wissen!	ᾔδει: er/sie/es wusste	εἴσεται: er/sie/es wird wissen
1. Pers. Pl.		ᾔδεμεν: wir wussten	εἰσόμεθα: wir werden wissen
2. Pers. Pl.	ἴστε!: wisst!	ᾔδετε: ihr wusstet	εἴσεσθε: ihr werdet wissen
3. Pers. Pl.	ἴστων!: sie sollen wissen!	ᾔδεσαν: sie wussten	εἴσονται: sie werden wissen

Infinitiv: εἰδέναι: (zu) wissen

Partizip: εἰδώς, εἰδότος: einer, der weiß (→ dekliniert nach der dritten Deklination)
εἰδυῖα, εἰδυίας: eine, die weiß (→ dekliniert nach der a-Deklination)
εἰδός, εἰδότος: etwas, das weiß (→ dekliniert nach der dritten Deklination)

Übung XI

Bestimmen und übersetzen Sie die fett gedruckten Formen in folgendem Auszug aus Platons Dialog *Menon!*

Σωκράτης· Καὶ νῦν περὶ ἀρετῆς ὅ ἐστιν ἐγὼ μὲν οὐκ **οἶδα**, σὺ δὲ μέντοι ἴσως πρότερον **ᾔδησθα**.
Μένων· Τίνα τρόπον ζητήσεις τοῦτο, ὃ μὴ **οἶσθα**; Πῶς **εἴσῃ**;

Übungen XII: Konjugationen kompakt

Abschließend folgt noch eine letzte Übungssequenz, die alles Gelernte umfasst und nochmals Übungsmaterial zu allen Konjugationen bietet.

1. Verbinden Sie immer die drei Verbformen, die im gleichen Tempus stehen, und bestimmen Sie bei allen drei Verben Person und Genus Verbi.

ποιήσει	φαίνεται	γέγραφα
ἠρώτησε	ἐδίδασκεν	εἶ
ἐνόμιζον	πεπαύκαμεν	ἐλέγομεν
ἀκούεις	ἐβοησάμην	ἄξω
πέπληγεν	δοξάζεται	ἐδειπνήσατο

2. Bestimmen und übersetzen Sie im folgenden Auszug aus Xenophons *Hellenika* die fett markierten Verbformen und führen Sie sie auf ihre 1. Pers. Sg. Ind. Präs. zurück!

Bsp.: πέμπουσιν: 3. Pers. Pl. Ind. Präs. Akt. von πέμπω: sie schicken

Οἱ δὲ Λακεδαιμόνιοι ἐπὶ τὸν Ἀγησίλαον **πέμπουσιν** Ἐπικυδίδαν. Ὁ δ' ἐπεὶ **ἀφίκετο**, **διηγεῖτο**, ὡς **ἔχοι** καὶ ὅτι ἡ πόλις **ἐπιστέλλοι** αὐτῷ **βοηθεῖν** ὡς τάχιστα τῇ πατρίδι.
Ὁ δ' Ἀγησίλαος, ἐπεὶ **ἤκουσε**, χαλεπῶς μὲν **ἤνεγκεν**, ἐνθυμούμενος καὶ οἵων τιμῶν καὶ οἵων ἐλπίδων **ἀποστεροῖτο**, ὅμως δὲ συγκαλέσας τοὺς συμμάχους **ἐδήλωσε** τὰ ὑπὸ τῆς πόλεως παραγγελλόμενα καὶ **εἶπεν**, ὅτι ἀναγκαῖον **εἴη** βοηθεῖν τῇ πατρίδι.

3. Sortieren Sie die folgenden Formen nach ihrer Person in die richtigen Spalten ein. Bilden Sie anschließend zu jeder Form den jeweils anderen Numerus.

δεικνύασιν – ἐτεχνήσατο – χαίρουσιν – ἠρώτησεν – σπευσῶμεν – ἀπηλθόμην – ποιήσεις – ἐρωτᾷς – λαβοίμεθα – ἐπαιδεύου

1. Person	2. Person	3. Person

4. Formenschlange: Bilden Sie die angegebenen Formen immer anhand der zuletzt gebildeten Form!

τάττω → Futur: _____ → Optativ: _____ → Aorist: _____
→ Plural: _____ → Konjunktiv: _____ → Indikativ: _____
→ Imperfekt: _____ → Medium/Passiv: _____ → Perfekt: _____

5. Setzen Sie die richtige Form in die Lücke. Achten Sie dabei auf Person, Numerus und Genus Verbi! Das Tempus ist in Klammern am Satzanfang vorgegeben. Übersetzen Sie dann den Satz.

a) (Präsens) Οἱ σοφοὶ _____ (λέγω) ὅτι ὁ κόσμος ζῷόν _____ (εἰμί) καὶ ψυχὴν

_____ (ἔχω).

_____

b) (Aorist) Ὁ Σωκράτης· »Ἀλλ' ἐγὼ διὰ παντὸς τοῦ βίου οὐδενὶ πώποτε _____ (συνχωρέω)

οὐδὲν παρὰ τὸ δίκαιον· διδάσκαλος μὲν οὐδενὸς πώποτ' _____ (γίγνομαι).«

_____

c) (Futur) Ὁ Ἀσκληπιὸς μὲν ἰατρὸς _____ (εἰμί), Ζεὺς δὲ _____ (κεραυνόω)

αὐτόν.

_____

d) (Imperfekt) Ὁ Ἱπποκράτης _____ (φοιτάω) παρὰ Πρωταγόραν καὶ _____

(βούλομαι) μανθάνειν εὖ χρῆσθαι τῇ ῥητορικῇ.

_____

6. Sokrates spricht in Platons Dialog *Gorgias* über seinen Prozess. – Setzen Sie die passende Form in die Lücken! Achten Sie dabei auf Person, Numerus, Genus Verbi und Sinn. Die Buchstaben hinter den vorgegebenen Wörtern ergeben ein Lösungswort (Tipp: ein berühmter Philosoph). Übersetzen Sie dann den Text.

σκόπει (TO) – οἶδα (TEL) – κρινοῦμαι (A) – πάθοιμι (ES) – κρίνοιτο (RIS)

_____ γὰρ, ὡς ἰατρός ἂν _____ . _____ γὰρ·

Τοιοῦτον μέντοι καὶ ἐγὼ _____ , ὅτι πάθος _____ ἂν εἰσελθὼν εἰς δικαστήριον.

_____

_____

7. Ergänzen Sie die Tabelle, indem Sie den jeweils anderen Numerus bilden! Übersetzen Sie dann alle Formen!

Singular	Plural
θύοι: er möchte opfern	
	ἐβλήθησαν:
οἶσθα:	
	ποιήσατε!:
ἀναγκάζῃς:	

8. Bilden Sie folgende Formen! Nehmen Sie zur Bildung der Tempora die Stammformentabelle bzw. ein Wörterbuch dazu. Die Zahl in Klammern gibt die Lösungsbuchstaben – bereits in der richtigen Reihenfolge – an. Das Lösungswort ergibt ein Erziehungsziel im antiken Griechenland.

a) 1. Pers. Pl. Ind. Perf. Akt. von τιμάω (7;8): _____

b) 1. Pers. Sg. Ind. Aor. Akt. von λαμβάνω (2;5): _____

c) 2. Pers. Sg. Ind. Fut. Med. von ψεύδομαι (4): _____

d) 1. Pers. Pl. Konj. Präs. Akt. von παρασκευάζω (6;9): _____

e) 3. Pers. Pl. Ind. Fut. Med./Pass. von φυλάττω (10;9): _____

f) 3. Pers. Sg. Opt. Präs. Akt. von γράφω (1;3): _____

g) Inf. Aor. Pass. von βάλλω (4): _____

h) 1. Pers. Sg. Ind. Aor. Akt. von φονεύω (3;7): _____

Lösungswort: _ _ _ _ _   _ _ _   _ _ _ _ _ _

Lösungen

Übungen I

1. a) 3. Pers. Sg. Opt. Med./Pass.: er/sie/es möchte für sich tun
   b) 2. Pers. Pl. Ind. Akt. / Imp. Akt. 2. Pers. Pl.: ihr erzieht / erzieht!
   c) Infinitiv Aktiv: (zu) fliehen
   d) 1. Pers. Sg. Ind. Akt. / 1. Pers. Sg. Konj. Akt.: ich verfolge / ich würde verfolgen
   e) 2. Pers. Sg. Ind. Med./Pass. / 2. Pers. Sg. Konj. Med./Pass.: du führst für dich / du würdest für dich führen

2. ἐθέλετε → ἐθέλητε → ἐθέλησθε → ἐθελώμεθα → ἐθελοίμεθα → ἐθελοίμην → ἐθέλω

3. ἀναγκάζουσιν: 3. Pers. Pl. Akt.: sie zwingen; ἀναγκάζονται: 3. Pers. Pl. Med./Pass.: sie werden gezwungen / sie lassen sich zwingen; ἀναγκάζομεν: 1. Pers. Pl. Akt.: wir zwingen; ἀναγκαζόμεθα: 1. Pers. Pl. Med./Pass.: wir werden gezwungen / wir lassen uns zwingen; ἀναγκάζετε: 2. Pers. Pl. Akt.: ihr zwingt; ἀναγκάζεσθε: 2. Pers. Pl. Med./Pass.: ihr werdet gezwungen / ihr lasst euch zwingen; ἀναγκάζομαι: 1. Pers. Sg. Med./Pass.: ich werde gezwungen / ich lasse mich zwingen; ἀναγκάζῃ: 2. Pers. Sg. Med./Pass.: du wirst gezwungen / du lässt dich zwingen

Übungen II

1. a) Endung: κοιτε; 2. Pers. Pl. Optativ
   b) Endung: κης (gedehnte Präsensendung); 2. Pers. Sg. Konjunktiv
   c) Endung: κωμεν (gedehnte Präsensendung); 1. Pers. Pl. Konjunktiv
   d) Endung: κα; 1. Pers. Sg. Indikativ
   e) Endung: κοιεν; 3. Pers. Pl. Optativ
   f) Endung: κε(ν); 3. Pers. Sg. Indikativ

2. τετίμημαι, τετίμησαι, τετίμηται, τετιμήμεθα, τετίμησθε, τετίμηνται

3. γέγραπται: 3. Pers. Sg. Med./Pass.: es ist geschrieben; γέγραφα: 1. Pers. Sg. Akt.: ich habe geschrieben

Übungen III

1. a) παιδεύσεται; 3. Pers. Sg. Ind. Med.
   b) παιδεύσοιτε; 2. Pers. Pl. Opt. Akt.
   c) παιδεύσουσιν; 3. Pers. Pl. Ind. Akt.
   d) παιδευσοίμην; 1. Pers. Sg. Opt. Med.
   e) παιδεύσετε; 2. Pers. Pl. Ind. Akt.
   f) παιδεύσειν: Infinitiv Akt.

2. a) παιδευθήσομαι b) παιδευθήσονται
   c) παιδευθήσεσθε

3. ἀρκέσει: 3. Pers. Sg. Ind. Akt.: sie wird genügen; ποιήσεται: 3. Pers. Sg. Ind. Med./Pass.: er wird für sich machen; ποιήσουσιν: 3. Pers. Pl. Ind. Akt.: sie werden machen

Übungen IV

1. a) ἔγραφες; 2. Pers. Sg. Akt.
   b) ἐγράφετο; 3. Pers. Sg. Med./Pass.
   c) ἔγραφον; 1. Pers. Sg. Akt. oder 3. Pers. Pl. Akt.
   d) ἐγράφομεν; 1. Pers. Pl. Akt.
   e) ἐγράφου; 2. Pers. Sg. Med./Pass.

2. ἔχαιρον: 1. Pers. Sg./3. Pers. Pl. Akt.: ich freute mich / sie freuten sich; ἀπηλλάττοντο: 3. Pers. Pl. Med./Pass.: sie wurden befreit; ἐμιμνήσκοντο: 3. Pers. Pl. Med./Pass.: sie erinnerten sich; προσέφερον: 1. Pers. Sg./ 3. Pers. Pl. Akt.: ich brachte hin/sie brachten hin

Übungen V

1. a) 1. Pers. Sg. Akt. von γράφω
   b) 2. Pers. Pl. Med. von λύω
   c) 3. Pers. Sg. Akt. von ἀκούω
   d) 3. Pers. Pl. Akt. von τελέω
   e) 3. Pers. Sg. Med. von χρίω

2. παιδεύσῃς – παιδεύσῃ – παιδευθῇς
παιδεύσαιμεν – παιδευσαίμεθα – παιδευθείημεν
παιδεύσωσι(ν) – παιδεύσωνται – παιδευθῶσι(ν)
παίδευσον! – παίδευσαι! – παιδεύθητι!
παιδεῦσαι – παιδεύσασθαι – παιδευθῆναι

3. a) ἐκομίσθη: 3. Pers. Sg. Ind. Pass.: er wurde gebracht; ἐδιδάχθη: 3. Pers. Sg. Ind. Pass.: er wurde gelehrt
b) ἐλευθερωθῆναι: Inf. Pass.: befreit (zu) werden; ἐκεραύνωσεν: 3. Pers. Sg. Ind. Akt.: er erschlug mit dem Blitz
c) Ἐκέλευσεν: 3. Pers. Sg. Ind. Akt.: er befahl; θητεῦσαι: Inf. Akt.: (zu) dienen

Übungen VI

1. a) ἐβάλετε: ihr habt geworfen; b) βάλοιεν: sie möchten werfen; c) βάλωμεν: wir würden werfen; d) ἐβάλεσθε: ihr habt für euch geworfen; e) βαλοίμεθα: wir möchten für uns werfen

2. a) βάλωμαι: ich würde für mich werfen
b) βαλέτω!: er/sie/es soll werfen!   c) βάλοις: du möchtest werfen   d) ἔβαλον: ich habe geworfen
e) βαλοίμην: ich möchte für mich werfen

3. ἐγράφην, ἐγράφης, ἐγράφη, ἐγράφημεν, ἐγράφητε, ἐγράφησαν

4. a) κατέλαβον: 3. Pers. Pl. Ind. Akt.: sie ergriffen; ἀπεγράφοντο: 3. Pers. Pl. Ind. Pass.: sie sind aufgeschrieben worden
b) Εἶπον: 1. Pers. Sg. Ind. Akt.: ich sagte

Übungen VII

1. Augmentbildung:
Verb 1: Der Vokal ἀ am Wortanfang wird zu ἠ gedehnt.
Verb 2: Das zusammengesetzte Verb beginnt mit der Präposition ἐκ. Das Augment wird zwischen Präposition und dem einfachen Verb πλήττω eingefügt. Das κ der Präposition wird dabei angeglichen zu ξ.
Verb 3: Das ὁ am Wortanfang wird im Aorist zu εἰ (Ausnahme!).

2. Bildung eines starken Aorists Aktiv:
Verb 3; erkennbar an der Endung -ον im Aorist Aktiv; εἶδον, εἶδες, εἶδεν, εἴδομεν, εἴδετε, εἶδον

3. Perfektreduplikation:
Verb 1: Der Vokal ἀ am Wortanfang wird zu ἠ gedehnt.
Verb 2: Nach der Präposition ἐκ- wird das π von πλήττω wiederholt und das ε dazwischengeschoben.
Verb 3: Der Vokal ο am Wortanfang wird zu ω gedehnt; vor den gedehnten Vokal wird ein ε gestellt, das die Behauchung des ο übernimmt: ἑ.

Übung zu den α-Contracta
Präsens Aktiv: τιμῶ, τιμᾷς, τιμᾷ, τιμῶμεν, τιμᾶτε, τιμῶσι(ν)
Präsens Med./Pass.: τιμῶμαι, τιμᾷ, τιμᾶται, τιμώμεθα, τιμᾶσθε, τιμῶνται
Infinitiv Aktiv: τιμᾶν
Infinitiv Präsens Med./Pass.: τιμᾶσθαι
Imperfekt Aktiv: ἐτίμων, ἐτίμας, ἐτίμα, ἐτιμῶμεν, ἐτιμᾶτε, ἐτίμων
Imperfekt Medium/Pass.: ἐτιμώμην, ἐτιμῶ, ἐτιμᾶτο, ἐτιμώμεθα, ἐτιμᾶσθε, ἐτιμῶντο

Übung zu den ε-Contracta
Präsens Aktiv: ποιῶ, ποιεῖς, ποιεῖ, ποιοῦμεν, ποιεῖτε, ποιοῦσι(ν)
Präsens Med./Pass.: ποιοῦμαι, ποιῇ, ποιεῖται, ποιούμεθα, ποιεῖσθε, ποιοῦνται
Infinitiv Präsens Aktiv: ποιεῖν
Infinitiv Präsens Med./Pass.: ποιεῖσθαι
Imperekt Aktiv: ἐποίουν, ἐποίεις, ἐποίει, ἐποιοῦμεν, εποιεῖτε, ἐποίουν
Imperfekt Med./Pass.: ἐποιούμην, ἐποιοῦ, ἐποιεῖτο, ἐποιούμεθα, ἐποιεῖσθε, ἐποιοῦντο

Übung zu den ο-Contracta
Präsens Aktiv: δουλῶ, δουλοῖς, δουλοῖ, δουλοῦμεν, δουλοῦτε, δουλοῦσι(ν)
Präsens Med./Pass.: δουλοῦμαι, δουλοῖ, δουλοῦται, δουλούμεθα, δουλοῦσθε, δουλοῦνται
Infinitiv Präsens Aktiv: δουλοῦν
Infinitv Präsens Med./Pass.: δουλοῦσθαι
Imperfekt Aktiv: ἐδούλουν, ἐδούλους, ἐδούλου, ἐδουλοῦμεν, ἐδουλοῦτε, ἐδούλουν
Imperfekt Med./Pass.: ἐδουλόμην, ἐδουλοῦ, ἐδουλοῦτο, ἐδουλούμεθα, ἐδουλοῦσθε, ἐδουλοῦντο

Übungen VIII

a) ἐπαινοῦσιν: 3. Pers. Pl. Ind. Präs. Akt. von ἐπαινέω: sie loben
b) σκόπει: Imp. 2. Pers. Sg. Präs. Akt. von σκοπέω: Prüfe!; δεῖν: Inf. Präs. Akt. von δέω: nötig (zu) sein;

ὁμιλεῖν: Inf. Präs. Akt. von ὁμιλέω: zusammen (zu) sein mit jmd.
c) πειρώμενος: Part. Präs. Med./Pass. Nom. Sg. m. von πειράομαι: während ich auf die Probe stellte; διεσκόπουν: 1. Pers. Sg. Ind. Impf. Akt. von διασκοπέω: ich prüfte; ἠρώτων: 1. Pers. Sg. Ind. Impf. Akt. von ἐρωτάω: ich fragte; ἐπιχειρεῖς: 2. Pers. Sg. Ind. Präs. Akt von ἐπιχειρέω: du versuchst; φοιτᾶν: Inf. Präs. Akt. von φοιτάω: (zu) gehen
d) ἐρωτᾷς: 2. Pers. Sg. Ind. Präs. Akt. von ἐρωτάω: du fragst; ἐρωτῶσι: Part. Präs. Akt. Dat. Pl. m. von ἐρωτάω: denjenigen, die fragen

Übungen zu den Verba auf -μι

Indikativ Präsens:
δίδωμι, δίδως, δίδωσι(ν), δίδομεν, δίδοτε, διδόασι(ν)
τίθημι, τίθης, τίθησι(ν), τίθεμεν, τίθετε, τιθέασι(ν)
ἵημι, ἵης, ἵησι(ν), ἵεμεν, ἵετε, ἱᾶσι(ν)
ἵστημι, ἵστης, ἵστησι(ν), ἵσταμεν, ἵστατε, ἱστᾶσι(ν)
φημί, φής, φησί(ν), φαμέν, φατέ, φασί(ν)
δείκνυμι, δείκνυς, δείκνυσι(ν), δείκνυμεν, δείκνυτε, δεικνύασι(ν)

Indikativ Med./Pass.:
δίδομαι, δίδοσαι, δίδοται, διδόμεθα, δίδοσθε, δίδονται
τίθεμαι, τίθεσαι, τίθεται, τιθέμεθα, τίθεσθε, τίθενται
ἵεμαι, ἵεσαι, ἵεται, ἱέμεθα, ἵεσθε, ἵενται
ἵσταμαι, ἵστασαι, ἵσταται, ἱστάμεθα, ἵστασθε, ἵστανται
δείκνυμαι, δείκνυσαι, δείκνυται, δεικνύμεθα, δείκνυσθε, δείκνυνται

Konjunktiv Präsens:
Aktiv: τιθῶ, τιθῇς, τιθῇ, τιθῶμεν, τιθῆτε, τιθῶσιν
Med./Pass.: τιθῶμαι, τιθῇ, τιθῆται, τιθώμεθα, τιθῆσθε, τιθῶνται

Optativ Präsens:
Aktiv: δεικνύοιμι, δεικνύοις, δεικνύοι, δεικνύοιμεν, δεικνύοιτε, δεικνύοιεν
Med./Pass.: δεικνυοίμην, δεικνύοιο, δεικνύοιτο, δεικνυοίμεθα, δεικνύοισθε, δεικνύοιντο

Imperfekt:
Aktiv: ἐδίδουν, ἐδίδους, ἐδίδου, ἐδίδομεν, ἐδίδοτε, ἐδίδοσαν
Med./Pass.: ἐδιδόμην, ἐδίδοσο, ἐδίδοτο, ἐδιδόμεθα, ἐδίδοσθε, ἐδίδοντο

Infinitiv Präsens:
τιθέναι: (zu) setzen – τίθεσθαι: für sich (zu) setzen ODER gesetzt (zu) werden
ἱέναι: (zu) senden – ἵεσθαι: für sich (zu) senden ODER gesendet (zu) werden
ἱστάναι: (zu) stellen – ἵστασθαι: für sich (zu) stellen ODER gestellt (zu) werden
φάναι: (zu) sagen
δεικνύναι: (zu) zeigen – δείκνυσθαι: für sich (zu) zeigen ODER gezeigt (zu) werden

Aorist Aktiv:
ἔδωκα, ἔδωκας, ἔδωκεν, ἔδομεν, ἔδοτε, ἔδοσαν
ἔθηκα, ἔθηκας, ἔθηκεν, ἔθεμεν, ἔθετε, ἔθεσαν
ἧκα, ἧκας, ἧκεν, εἷμεν, εἷτε, εἷσαν

Übung IX

εἶναι: Inf. Präsens: (zu) sein
ἐστι: 3. Pers. Sg. Ind. Präs. Akt.: er/sie/es ist
εἶ: 2. Pers. Sg. Ind. Präs. Akt.: du bist

Übungen X

a) ἴοι: 3. Pers. Sg. Opt. Präs. Akt.: er möchte gehen
b) ἴω: 1. Pers. Sg. Konj. Präs. Akt.: ich würde gehen
c) ἰέναι: Inf. Präs. Akt.: (zu) gehen
d) ἴασιν: 3. Pers. Pl. Ind. Präs. Akt.: sie werden gehen

Übung XI

οἶδα: 1. Pers. Sg. Ind. Präs. Akt.: ich weiß;
ᾔδησθα: 2. Pers. Sg. Ind. Impf. Akt.: du wusstest;
οἶσθα: 2. Pers. Sg. Ind. Präs. Akt.: du weißt;
εἴσῃ: 2. Pers. Sg. Ind. Fut. Akt.: du wirst wissen

Übungen XII

1. Futur: ποιήσει (3. Pers. Sg. Akt.) – δοξάζεται (3. Pers. Sg. Med.) – ἄξω (1. Pers. Sg. Akt.)
Aorist: ἠρώτησε (3. Pers. Sg. Akt.) – βοησάμην (1. Pers. Sg. Med.) – ἐδειπνήσαντο (3. Pers. Pl. Med.)
Imperfekt: ἐνόμιζον (1. Pers. Sg. / 3. Pers. Pl. Akt.) – ἐδίδασκεν (3. Pers. Sg. Akt.) – ἐλέγομεν (1. Pers. Pl. Akt.)
Präsens: ἀκούεις (2. Pers. Sg. Akt.) – φαίνεται (3. Pers. Sg. Med./Pass.) – εἶ (2. Pers. Sg. Akt. von εἰμί)
Perfekt: πέπληγεν (3. Pers. Sg. Akt.) – πεπαύκαμεν (1. Pers. Pl. Akt.) – γέγραφα (1. Pers. Sg. Akt.)

2. ἀφίκετο: 3. Pers. Sg. Ind. Aor. Med. von ἀφικνέομαι: er ist angekommen; διηγεῖτο: 3. Pers. Sg. Ind. Impf. von διηγέομαι: er erzählte; ἔχοι: 3. Pers. Sg. Opt. Präs. Akt. von ἔχω: er möchte haben; ἐπιστέλλοι: 3. Pers. Sg. Opt. Präs. Akt. von ἐπιστέλλω: er möchte schicken; βοηθεῖν: Inf. Präs. Akt. von βοηθέω: (zu) helfen; ἤκουσε: 3. Pers. Sg. Ind. Aor. Akt. von ἀκούω: er hat gehört; ἤνεγκεν: 3. Pers. Sg. Ind. Aor. Akt. von φέρω: er hat getragen; ἀποστεροῖτο: 3. Pers. Sg. Opt. Präs. Med./Pass. von ἀποστερέω: er möchte beraubt werden; ἐδήλωσε: 3. Pers. Sg. Ind. Aor. Akt. von δηλόω: er hat gezeigt; εἶπεν: 3. Pers. Sg. Ind. Aor. Akt. von λέγω: er hat gesagt; εἴη: 3. Pers. Sg. Opt. Präs. Akt. von εἰμί: er möchte sein

3. 1. Person: σπευσῶμεν (Pl. Konj. Aor. Akt.) → σπευσῶ; ἀπηλθόμην (Sg. Ind. Aor. Med./Pass.) → ἀπηλθόμεθα; λαβοίμεθα (Pl. Opt. Aor. Med./Pass.) → λαβοίμην
2. Person: ποιήσεις (Sg. Ind. Fut. Akt.) → ποιήσετε; ἐρωτᾷς (Sg. Ind. Präs. Akt.) → ἐρωτᾶτε; ἐπαιδεύου (Sgl. Ind. Impf. Med./Pass.) → ἐπαιδεύεσθε
3. Person: δεικνύασιν (Pl. Ind. Präs. Akt.) → δείκνυσι(ν); ἐτεχνήσατο (Pl. Ind. Aor. Med./Pass.) → ἐτεχνήσαντο; χαίρουσιν (Pl. Ind. Präs. Akt.) → χαίρει; ἠρώτησεν (Sg. Ind. Aor. Akt.) → ἠρώτησαν

4. τάξω → τάξοιμι → ἐτάξαιμι → ἐτάξαιμεν → ταξῶμεν → ἐτάξαμεν → ἐτάττομεν → ἐτάττεσθε → τετάγμεθα

5. a) λέγουσιν – ἐστι – ἔχει: Die Weisen sagen, dass der Kosmos ein Lebewesen ist und eine Seele hat.
b) συνεχώρησα – ἐγενόμην: Sokrates: »Ich habe aber mein ganzes Leben hindurch niemandem jemals etwas gegen das Gesetz zugestanden; ich bin niemals jemandes Lehrer geworden.«
c) ἔσται – κεραυνώσει: Asklepios wird zwar ein Arzt sein, Zeus aber wird ihn mit einem Blitz erschlagen.
d) ἐφοιτᾶ – ἐβούλετο: Hippokrates ging regelmäßig zu Protagoras und wollte lernen, von der Redekunst gut Gebrauch zu machen.

6. κρινοῦμαι – κρίνοιτο – σκόπει – οἶδα – πάθοιμι; Lösungswort: ARISTOTELES
Ich werde nämlich verurteilt werden, wie ein Arzt wohl verurteilt werden könnte. Betrachte nämlich: Auch ich weiß freilich, dass ich wohl ein derartiges Schicksal erleiden könnte, wenn ich vor Gericht gehe.

7. θύοιεν: sie möchten opfern; ἐβλήθησαν: sie sind geworfen worden – ἐβλήθη: er ist geworfen worden; οἶσθα: du weißt – ἴστε: ihr wisst; ποίησον!: tu! – ποιήσατε!: tut!; ἀναγκάζῃς: du würdest zwingen – ἀναγκάζητε: ihr würdet zwingen

8. a) τετιμή**κα**μεν b) ἔλαβ**ον** c) ψεύσῃ
d) παρασκευάζωμεν e) φυλάξον**ται** f) γρά**φοι**
g) βλη**θῆ**ναι h) ἐφ**όν**ευσα
Lösungswort: καλὸς καὶ ἀγαθός (schön und gut)